# 二十四史

## 马上读 语文历史都进步

### 第十册

### 《宋史》

李海杰 主编

北京理工大学出版社
BEIJING INSTITUTE OF TECHNOLOGY PRESS

版权专有　侵权必究

### 图书在版编目（CIP）数据

二十四史马上读：语文历史都进步：函套共12册/李海杰主编．—北京：北京理工大学出版社，2023.10

ISBN 978 – 7 – 5763 – 2413 – 6

Ⅰ．①二⋯ Ⅱ．①李⋯ Ⅲ．①二十四史–青少年读物 Ⅳ．①K204.1– 49

中国国家版本馆CIP数据核字（2023）第097057号

| | |
|---|---|
| 出版发行 / | 北京理工大学出版社有限责任公司 |
| 社　　址 / | 北京市丰台区四合庄路 6 号 |
| 邮　　编 / | 100070 |
| 电　　话 / | （010）68944451（大众售后服务热线） |
| | （010）68912824（大众售后服务热线） |
| 网　　址 / | http://www.bitpress.com.cn |
| 经　　销 / | 全国各地新华书店 |
| 印　　刷 / | 唐山富达印务有限公司 |
| 开　　本 / | 880毫米×1230毫米　1 / 32 |
| 印　　张 / | 77.75 |
| 字　　数 / | 1236千字 |
| 版　　次 / | 2023年10月第1版　2023年10月第1次印刷 |
| 定　　价 / | 398.00元（全12册） |

责任编辑 / 李慧智
文案编辑 / 李慧智
责任校对 / 周瑞红
责任印制 / 施胜娟

图书出现印装质量问题，请拨打售后服务热线，本社负责调换

# 目录

## 宋史

**太祖本纪** / 003
◎ 武夫仁心

**太宗本纪** / 009
◎ 太平天子

**神宗本纪** / 015
◎ 一代雄主

**徽宗本纪** / 021
◎ 雅士昏君

**高宗本纪** / 027
◎ 偷安一方的"中兴"之君

**石守信列传** / 033
◎ 善始善终的开国武将

**赵普列传** / 038
◎ 大宋"第一谋臣"

**曹彬列传** / 044
◎ 北宋第一良将

**杨业列传** / 050
◎ "无敌"杨家将

**寇准列传** / 056
◎ 力挽狂澜的真宰相

**狄青列传** / 062
◎ 逆袭的"面涅将军"

**韩琦列传** / 068
◎ 从改革派到保守派的贤相

**富弼列传** / 074
◎ 不卑不亢的富相公

**范仲淹列传** / 080
◎ 先天下之忧而忧

**包拯列传** / 086
◎ 铁面无私的包青天

**欧阳修列传** / 092
◎ 宋朝第一位文坛领袖

**蔡襄列传** / 098
◎ 宋朝书法第一人

**王安石列传** / 103
◎ 最受争议的改革家

**沈括列传** / 109
◎ 宋朝最伟大的科学家

**种世衡列传** / 115
◎ "种家军"的开山人

**司马光列传** / 121
◎ 史学巨匠

**苏轼列传** / 127
◎ 千古第一文豪

**虞允文列传** / 166
◎ 一代文臣名将

**陆游列传** / 172
◎ 毕生未敢忘国忧

**辛弃疾列传** / 178
◎ 从金戈铁马到灯火阑珊

**李纲列传** / 135
◎ 心系天下的抗金名臣

**孟珙列传** / 184
◎ 灭金抗蒙的名将

**宗泽列传** / 141
◎ 保卫开封，力抗金兵

**史弥远列传** / 190
◎ 一心求和的宰相

**韩世忠列传** / 147
◎ 南宋中兴名将

**文天祥列传** / 196
◎ 留取丹心照汗青

**岳飞列传** / 153
◎ 一生忠勇，千古奇冤

**道学列传** / 202
◎ 理学奠基者程颢
◎ 安贫乐道的程颐

**吴璘列传** / 160
◎ 智勇双全的抗金英雄

◎ 学古力行的张载
◎ 理学集大成者朱熹
◎ 求真务实的张栻

◎ 赴海而死的陆秀夫

**文苑列传** / 216
◎ "江西诗派"黄庭坚
◎ 婉约派词人秦观
◎ 书法大家米芾

**奸臣列传** / 233
◎ 投机宰相蔡京
◎ 投降宰相秦桧
◎ 掘墓南宋贾似道

**外国列传** / 245
◎ 西北强国西夏

**忠义列传** / 225
◎ 捐身风浪的张世杰

宋史

  《宋史》由元朝丞相脱脱等人主持修撰，与《辽史》《金史》同时修撰，是"二十四史"中篇幅最大的官修史书。全书共四百九十六卷，包括本纪四十七卷，志一百六十二卷，表三十二卷，列传二百五十五卷，是记录北宋至南宋的纪传体断代史。《宋史》记载从宋太祖赵匡胤代周称帝到南宋灭亡（960—1279年），共三百二十年的史事。是保存宋朝官方史料和私人著述最系统最全面的一部史书，具有相当高的史料价值。

## 脱 脱

  脱脱（1314—1356年），亦作托克托、脱脱帖木儿，蔑里乞氏，字大用，蒙古蔑儿乞部（今鄂尔浑河流域与色楞格河一带）人。元朝末年政治家、军事家。

  脱脱幼年聪慧，臂力过人，有大将之才。长大后向名儒学习，接受了儒家文化，善书画，书法刚毅有力。十五岁开始担任官职。1340年，担任宰相。1343年，在他的主持下，开始修撰《宋史》，两年后完成。1356年，脱脱被政敌逼迫，饮鸩自尽，享年四十三岁。

宋史·太祖本纪

# 太祖本纪

> 赵匡胤（927—976 年），涿郡（今河北省涿州市）人，生于洛阳夹马营［今河南省洛阳市瀍（chán）河区］。五代至北宋初年军事家、政治家、战略家，宋朝开国皇帝，死后庙号太祖。

## 武夫仁心

赵匡胤出身于官宦世家，他的父亲便是战功卓著的将领。据传他出生时，红光满屋，奇异的香味整晚都没有消散，于是小名便叫"香孩儿"。

赵匡胤年轻时，曾经游历四方，在襄阳城（今湖北省襄阳市）的一座寺庙寄居。有一个精通相术的老和尚，指点他往北走能遇到机会。

于是，赵匡胤前往后汉，投奔枢密使郭威，成为他帐下的一名士兵，慢慢积累战功，得到升迁。

赵匡胤的青年时期，正值我国五代战乱之时，王朝政权更迭频繁。在投奔郭威两年之后，郭威在澶（chán）州发动兵变，建立后周，死后传位给养子柴荣，是为后周世宗。

北汉（今山西省中部、北部）听说郭威去世，便联合契丹进攻后周，世宗御驾亲征，在高平（今山西省高平市）与敌人交战。

战斗刚开始，数位后周大将怯阵逃跑，危急之时，身为皇帝的直属部队——禁军的将领赵匡胤镇定自若，振臂高呼："主上面临危险，正是我等拼死一战的时候。"亲率精兵出击，后周军队士气大振，得以反败为胜。此战之后，赵匡胤赢得了世宗的信赖，成为禁军高级将领。

后周世宗曾经收到一块木板，上面写着"点检做天子"。点检，是禁军最高统帅殿前都点检之职的简称。当时世宗正好生病，于是内心疑虑，为了确保帝位稳固，他不仅借故杀害了好几名曾经担任点检的禁军将领，还罢免了现任点检，接着任命赵匡胤担任点检，体现了对他的绝对信任。不久，世宗驾崩，年仅七岁的后周恭帝即位。

960年正月初一，后周朝廷突然接到战报，声称北汉勾结契丹进犯，朝廷下令赵匡胤率领禁军抵抗。第二天，赵匡胤领军出发，在距离京城二十公里的陈桥驿（今河南省封丘县境内）住宿。

当天，有个懂天象的军吏观察到太阳下面还有一个太阳，众人纷纷猜测是否上天想要选择新帝王。这天夜里，军中人人议论，说："当今皇帝年幼，我们在战场卖命，有谁知道？不如先拥立点检为天子，再出发北征。"

天快亮时，将士们来到赵匡胤寝室外，高声说："现在国家处于危难之时，我们愿意拥立赵点检当皇帝。"赵匡胤还没有来得及答话，就有几个人上前把预先准备好的黄袍加在他身上，又围着下拜，高喊万岁。

赵匡胤装出一副被逼的样子，说："你们贪图富贵，立我为天子。我有号令，你们能听从吗？"众人说："唯命是从。"赵匡胤这才接受。这就是著名的"陈桥兵变"。

赵匡胤率军回京，逼迫后周恭帝禅让退位，自己即位称帝，改国号为宋，是为宋太祖。

有一次，宋太祖召见宰相赵普，问道："从唐朝末年以来几十年间，皇帝换了好几个姓，战乱不断，是什么原因？怎样才能做到长治久安？"赵普说："没有别的原因，就是藩镇权力太大，君弱臣强。"

太祖想到自己也是依靠军队而称帝，担心属下将领效仿，于是以"杯酒释兵权"的方式收回兵权；又采取"重

▲ 赵匡胤黄袍加身

文轻武"的策略,大力提高文臣的地位;完善科举制度,让大量地位低下的士人通过公平竞争的机会进入政府。

宋太祖虽然是武将出身,但却温厚宽容,不独断专行,常常微服私访。有一天夜里,大雪纷飞,寒风呼啸,赵普在家里突然听到敲门声,开门一看,只见太祖正立在风雪之中,连忙请太祖进屋。君臣二人共商国事,定下了"先南后北,先易后难"的统一方略,首先派军队平定荆湖、后蜀、南汉、南唐等地,统一了南方,再重创北方的北汉政权,为日后太宗彻底收复北汉奠定了基础。

976年10月,宋太祖生病,召弟弟赵光义入宫议事,侍从们都不在身边。远远地只看见烛光下,赵光义离席起身避让,太祖手持玉斧戳地,大声对赵光义说:"好好干!好好干!"便猝然离世,留下了烛影斧声的千古谜案。

宋太祖的道德魅力和宽容大度,深刻影响了继任者,以及整个王朝的风范,使宋朝延续了三百多年,是国运最长的封建王朝之一。

## 经典原文与译文

【原文】一日,罢朝,坐便殿,不乐者久之。左右请其故。曰:"尔谓为天子容易耶?早作乘快误决一事,故不乐耳。"——摘自《宋史·卷三》

【译文】有一天,太祖退朝下来,坐在便殿中,不高兴了很长时间。身边的侍从问太祖缘故。太祖说:"你们认为当天子容易吗?早朝时趁一时高兴而错误地决断了一件事,因此不高兴。"

二十四史马上读，语文历史都进步

**黄袍加身：** 宋太祖赵匡胤发动"陈桥兵变"，部下将领们给他披上黄袍，拥立他为天子。比喻发动政变获得成功。

**杯酒释兵权：** 宋太祖为了加强中央集权，避免下属将领也被迫黄袍加身，便通过酒宴的方式，威胁利诱，要求将领交出兵权。比喻轻而易举地解除将领的兵权。

宋史·太宗本纪

# 太宗本纪

> 赵光义（939—997年），字廷宜，本名赵匡义，因避宋太祖的名讳改名赵光义，生于开封府浚仪县（今河南省开封市）。宋朝的第二位皇帝。死后庙号太宗。

## 太平天子

赵光义是宋太祖的弟弟，从小聪颖不凡。960年，太祖在陈桥驿（今河南省封丘县境内）发动兵变，他积极组织参与，带领将士们一起拥立太祖称帝，后来不断加封至晋王，位列宰相之上。太祖曾对人说："光义龙行虎步，出生时又有异象，将来必定是太平天子，福德所至，连我也比不上。"976年十月，太祖驾崩，赵光义第二天即位，是为宋太宗。

宋太宗志向宏大，采取措施稳固帝位之后，便继承太祖没有完成的统一大业。当时，南方尚有几处割据政权，其中实力最强、面积最大的是吴越国。978年，在太宗的政治压力之下,吴越国王钱俶(chù)入朝觐见,将吴越国十三个州全部献出。占据泉州、漳州的陈洪进也献出土地,宋朝完成了南方的统一。

宋朝的北面,还有"五代十国"的最后一个割据政权——北汉尚存,北汉投靠辽国,屡屡进犯中原。宋太宗按照宋太祖制定的"先南后北"统一战略,于979年率军亲征,攻伐北汉。辽国派军队救援北汉,路上遇到宋军伏击,被迫撤退。宋军经过血战,一举收复北汉,彻底结束了自唐朝末年以来藩镇割据的局面。

宋太宗决定趁着收复北汉的锐气,御驾亲征辽国,一举收复燕云十六州。燕云十六州就是今天的北京以及天津、河北、山西的北部地区,既是中原王朝防御北方游牧民族的天然屏障,也是北方骑兵进攻南方的桥头堡,战略价值不可估量。自从后晋皇帝石敬瑭将此地割让给辽国后,宋朝的北部边境赤裸裸地暴露在辽军的铁蹄下。因此,太宗锐意收复,本身无可厚非,但是众臣都表示反对,认为宋军刚刚平定北汉,未及休整,无力再战。而且大军云集,粮草辎(zī)重来不及调拨。太宗不听,执意进军。

刚开始,宋军占领了不少城池,辽军且战且走,在幽州城(今北京市)坚守。此前,因为宋军进攻北汉,辽国已经预见到宋朝会趁机进攻燕云十六州,已经调集了二十万军队等待宋军。

宋军久攻幽州城不下，士气低落，辽国援军赶到，双方在高梁河（今北京市境内）决战，宋军大败，一万多人战死，太宗受伤中箭，惊慌之中乘坐驴车急速南逃。986年春天，太宗再次兵分三路攻打辽国，因为重用没有军事才能的亲信担任禁军将领，北伐再次失败。从此以后，宋朝对辽国从进攻转为防御，再也不敢轻易出兵。

宋太宗继承发扬了太祖重文轻武的政策，成倍扩大进士的录取名额，在全国范围内以文官代替武将管理地方，从根本上确立了文官政治，不但成为宋朝后世皇帝沿用的家法，而且成为此后历朝沿用的制度。太宗不仅笼络文人，自身也很喜欢看书。他曾经说："我天生就喜欢读书，也能感受到读书的乐趣，只要打开书籍，总会有些好处，看书是绝不会白费力气的啊。"这就是"开卷有益"的出处。太宗这句名言，激励了千百年来的读书人。

宋太宗关心民生疾苦，采取了诸多措施赢得民心。有一年冬天很冷，开封城里滴水成冰，太宗穿着狐狸皮外套，坐在温暖的屋子里还觉得冷。心想：天气这么冷，那些缺衣少柴的百姓肯定也很冷。于是把开封府尹召进宫，说："我们这些吃穿不愁的人，坐在家里烤火都觉得冷，那些缺衣少食、没有木炭的百姓肯定更冷。你现在就带人去帮助他

▲ 宋太宗雪中送炭

们。"开封府尹立刻照办,受到救助的人们很感激。于是留下了"雪中送炭"的佳话。

宋太宗年老后,北伐时受的箭伤屡屡复发,尽早确定继承人显得刻不容缓。995 年,在宰相寇准等人的催促下,太宗终于册立第三子赵恒为太子。太宗和新太子巡街,京城百姓见到太子仪表堂堂,都欢欣鼓舞,认为这是天下平安的象征,大声欢呼:"少年天子!这才是真正的社稷之主!"太宗听到后非常生气,对寇准说:"人心都向着太子,把朕放在什么位子?"寇准下拜说:"这才是社稷的福气,百姓欢呼,说明陛下选对了人!"太宗这才转怒为喜。997年,太宗驾崩于万岁殿。

宋太宗顺应历史潮流,使宋朝的统治进一步稳固,经济、文化空前繁荣。但他延续重文轻武的政策,导致了大量的冗官冗兵,使政府财政不堪重负,军队战斗力下降,为北宋的积贫积弱埋下了伏笔。

## 经典原文与译文

**【原文】** 帝幼不群,与他儿戏,皆畏服。及长,隆准龙颜,望之知为大人,俨如也。性嗜学,宣祖总兵淮南,破州县,财物悉不取,第求古书遗(wèi)帝,恒饬(chì)厉之,帝由是工文业,多艺能。——摘自《宋史·卷四》

**【译文】** 太宗自幼卓尔不群,与其他小孩游戏玩耍,大家都害怕地服从他。等到长大,高高的鼻梁、眉骨圆起,一看他就知道是大人物,一副庄重威严的样子。太宗天性喜欢学习,他的父亲宋宣祖赵弘殷在淮南地区统兵,攻破州县,财物全不取,只是搜求古书给太宗,经常告诫勉励他,太宗因此擅长文事,多才多艺。

**金匮(guì)之盟**：匮，匣子。赵匡胤、赵光义的生母杜太后病重，临终前要求赵匡胤传位给弟弟，并立下盟誓、绝不违背，又召宰相赵普记录下来，收藏在金匮之中，称为金匮之盟。

**开卷有益**：打开书卷，总有好处。常用来勉励人们勤奋好学，多读书就会受益。

**雪中送炭**：下雪天给人送炭取暖。比喻在困难或危急时，给人物质或精神上的帮助。

**将(jiàng)从中御**：宋朝为了防止将领拥兵自重，将兵权拆分为三，分属三个机构负责，将最高军事指挥权集中在皇帝手中，成为宋代军政运行机制中最为重要的原则之一。

宋史·神宗本纪

# 神宗本纪

> 赵顼（xū）（1048—1085年），初名赵仲针，出生于京城开封府（今河南省开封市）濮安懿（yì）王宫。北宋第六位皇帝。死后庙号神宗。

## 一代雄主

赵顼天性好学，举止不凡。请教学问有时会持续到很晚而忘了吃饭，父亲宋英宗常派人去制止。赵顼衣冠礼仪、一言一行都符合规范，即便在炎热的夏季，也从来不用扇子；而且尊师重道，有侍讲师傅入宫讲读，他就带着弟弟亲自向师傅参拜。1067年，英宗驾崩，二十岁的赵顼继位，是为宋神宗。

宋神宗即位时，北宋的统治面临一系列危机，官僚机构、军队臃肿，财政亏空；广大农民因为土地兼并，赋税徭役的加重，屡屡发生暴动；辽国、西夏又在边境虎视眈眈。

值此内外忧患之际,神宗迫切寻找方法改变积贫积弱的局面。

宋神宗在东宫读书时,便熟知历代先帝对辽、西夏用兵,数次失败的历史,立志雪耻,因而对富国强兵的法家学说十分崇尚。当时,王安石的改革理论已在社会上有了广泛影响,神宗读过他的《上仁宗皇帝言事书》。

宋神宗即位的第二年,便召王安石进京,君臣二人几番深入交谈,彼此都坚定了变法的决心。神宗决定重用王安石,大刀阔斧地进行改革。因当时的年号是熙宁,史称"熙宁变法"。

1069年,宋神宗任命王安石为副宰相,负责变法事宜。为了顺利推进改革,神宗将反对变法的大臣调出朝廷,大力重用支持变法的官员,给王安石搭建新班子。

由于新法触犯了保守派的利益,遭到众人的反对。守旧大臣在朝堂上,从各个方面对新法进行非难,批评王安石急功近利,改变祖宗成法。神宗意志坚定,说:"臣子如果只谈论道德性命,而不考虑实用,对国事有什么帮助呢?"

第二年,宋神宗提拔王安石为宰相,让他有了更大的权力。各项新法先后颁行天下,变法进入高潮。即使遭到多重势力的攻击,神宗仍然大力支持变法。其间,王安石曾经想辞掉相位，神宗没有同意，说："你是朕的师臣，朕断然不会准许这个申请。"

1073年，因为收复熙河地区（今甘肃省、宁夏回族自治区一带），神宗在紫宸殿接受大臣们的祝贺，特意解下自己佩戴的玉带赐给王安石。

然而，随着改革的深入，反对势力越来越激烈，就连宋神宗的祖母曹太后、母亲高太后等人也在反对之列。加

▼ 神宗解下玉带，送给王安石

上改革过程过于急促，用人失误，以及新法本身的缺陷，神宗的决心开始动摇。王安石见此情形，主动请求辞职，并推荐支持新法的官员接任，以便新法能继续推行，神宗迫于内外的压力，同意了他的方案。

过了十个月，神宗再次任命王安石担任宰相，继续主持变法。但此时变法派内部因为权力之争而分裂，王安石得不到更多支持，便在第二年年底再次辞职。

王安石离开后，神宗从幕后走到台前，亲自主持变法。鉴于之前的教训，他决定换个方向推行自己的计划，从改革官制入手，将冗官、空名官等尽数革除，力求名实相符，提高办事效率，不惜使用强硬手段。因神宗当时的年号是元丰，史称"元丰改制"。"元丰改制"对促进变法起到了一定的积极作用，对我国古代官职制度的发展和演变也产生了重大影响。

为实现历代先帝的夙愿，宋神宗在变法的同时，积极派兵拓展边疆。宋朝在西部的劲敌是西夏，要想彻底制服西夏，必先攻占灵州（今宁夏回族自治区灵武市）的西羌（qiāng）。熙宁年间，神宗派王韶负责此事，王韶带领军队拓地两千余里，宋朝设置熙河路，完成了对西夏的包围，史称"熙河开边"。

元丰年间，神宗正式对西夏用兵，发动五路大军讨伐，先后占领了银州（今陕西省榆林市）、夏州（今陕西省靖边县）等地，但没有实现消灭西夏有生力量的目的。

第二年，神宗又派遣军队攻西夏，西夏军队倾巢而出，与宋军决战，宋军大败。神宗临朝恸哭，从此一蹶不振，身体也每况愈下。

1085年，由于西夏战事的惨败，加上多年变法的诸多不顺，心怀大志的宋神宗精神上受到沉重打击，病情恶化，不久便带着遗憾离开了人世。

宋神宗雄心勃勃，锐意进取，希望再造汉唐盛世。在政治、经济、军事、教育等领域推行全面变法，巩固了宋朝的统治，在一定程度上改变了积贫积弱的局面。但变法最终走向失败，他也无力改变北宋衰落的趋势。

## 经典原文与译文

【原文】帝隆准龙颜，动止皆有常度。而天性好学，请问至日晏忘食，英宗常遣内侍止之。帝正衣冠拱手，虽大暑未尝用扇。侍讲王陶入侍，帝率弟颢（hào）拜之。——摘自《宋史·卷十四》

**【译文】**神宗皇帝高鼻龙颜,行为举止都符合礼仪规范。而且天性好学,请教学问有时到很晚忘了吃饭,英宗常派内侍去制止他。神宗穿得整整齐齐,拱手站立,即使酷暑天也从未用过扇子。侍讲官王陶入内宫侍读,神宗带着弟弟赵颢一起拜见他。

**隆准龙颜:** 隆准,高高的鼻子;龙颜,指眉骨圆起。旧指为王为侯的贵相。

**得君行道:** 指有才识的人得到开明君主的信任,得以推行自己的政治主张和计划。

# 徽宗本纪

> 赵佶（jí）（1082—1135年），号宣和主人，出生于汴京（今河南省开封市）。宋神宗第十一子，宋哲宗之弟，宋朝第八位皇帝，著名书画家，死后庙号徽宗。

## 雅士昏君

赵佶从小就喜欢笔砚、丹青、骑马、射箭、蹴鞠，对奇花异石、飞禽走兽有着浓厚的兴趣，在书法、绘画方面表现出非凡的天赋，对儒家经典史籍却不感兴趣。自幼养尊处优，逐渐养成了轻佻浪荡的性格。

1100年，年仅二十四岁的宋哲宗病死，没有儿子。宰相章惇（dūn）主张依照礼法，拥立哲宗的同母弟简王，否则应该拥立最年长的弟弟申王。但向太后主张拥立端王赵佶。章惇认为端王轻佻放荡，不可以君临天下，向太后便搬出宋神宗夸赞赵佶的话，其他执政大臣见向太后执意如

▲ 宋徽宗专注于蹴鞠游戏

此,表示赞同她的主张。最终赵佶登基,是为宋徽宗。

早在神宗年间,围绕王安石变法,朝廷官员就因为政见不同分为两个阵营,经过哲宗一朝,逐渐演变成排除异己的党争。宋徽宗即位之初,新旧两党斗争已经白热化,徽宗虽然有意化解,但旋即决定遵循神宗熙宁新法,重用蔡京。

蔡京是个政治投机者,王安石变法时拥护变法改革,后来又附和守旧大臣司马光,积极推翻新法。宋徽宗即位后,蔡京以擅长书法得到赏识,又趁机表明自己支持新法,得以担任宰相。

蔡京掌权后,打着改革的旗号排斥异己,无恶不作,搜刮民脂民膏。为讨好徽宗,大兴土木,修建皇家园林艮岳,大兴"花石纲",劳民伤财。由此引发了宋江起义、方腊起义。其间,不断有人因此弹劾蔡京,徽宗也知道蔡京奸诈,但始终离不开他。徽宗在位期间,蔡京曾经四起四落,始终得宠,导致朝政更为黑暗腐败。

此外,宋徽宗重用宦官童贯,让他执掌军队。童贯为了巩固自己的地位,联合蔡京,怂恿宋徽宗攻辽。宋辽两国自从缔结澶(chán)渊之盟,已经维持了一百多年的和平。此时,辽国北方的金国崛起,辽国危在旦夕。

徽宗妄想趁机收复历代先帝念念不忘的燕云十六州,决定联金攻辽。宋、金相互派遣使者,双方签订"海上之盟",夹攻辽朝,约定燕云之地归宋朝所有。然而,宋军腐败,缺乏战斗力,数十万大军两次攻打辽国的燕京(今北京市),均被打败,辽国最终被金所灭。

在与宋朝的接触中,金国人目睹宋军的无能和政治腐败,产生了灭宋的想法。1125年年底,金军大举南下,大败宋军,如入无人之境。宋徽宗非常害怕,担心大宋亡于自己手中,听从大臣李纲的建议,匆匆禅位给儿子宋钦宗。

二十四史马上读,语文历史都进步

宋钦宗束手无策,派遣使臣到金营割地请和,金国同意了。第二年,金军以宋朝失约为借口,再次举兵南下,很快包围并攻占了京城开封府(今河南省开封市),将徽、钦二帝,连同后妃、宗室、百官、工匠数千人,以及所有图书典籍、仪仗物件、金银财宝等掳掠一空,北宋灭亡。史称"靖康之变"。

宋徽宗治国昏庸,但艺术天分极高,在书法、绘画方面堪称一代宗师。他即位不久,就对宰相三公们说:"朕没有其他爱好,就只喜欢绘画。"他的花鸟画精妙绝伦,开创了我国花鸟画创作的新时代;创办了国家级画院,培养了王希孟、张择端等伟大的画家;组织编撰了《宣和画谱》,成为我国美术史上的珍贵资料。徽宗还将绘画列入科举考试和学校制度之内,这是史无前例的创举。正是在他统治时期,宋代的绘画艺术达到巅峰。徽宗独创的"瘦金体"书法,也成为后人无法超越的高度。这些都极大促进了北宋文化艺术的繁荣。

1135年,被囚禁了九年的宋徽宗,因不堪精神折磨而死于五国城(今黑龙江省依兰县境内)。作为一个书画家,徽宗对艺术的发展做出了杰出贡献;但作为一个皇帝,他玩物丧志,贪图享乐,昏庸无度,宠幸小人,直接葬送了北宋王朝。

## 经典原文与译文

**【原文】**元符三年正月己卯,哲宗崩,皇太后垂帘,哭谓宰臣曰:"国家不幸,大行皇帝无子,天下事须早定。"章惇厉声对曰:"在礼律当立母弟简王。"皇太后曰:"神宗诸子,申王长而有目疾,次则端王当立。"惇又曰:"以年则申王长,以礼律则同母之弟简王当立。"皇太后曰:"皆神宗子,莫难如此分别,于次端王当立。"知枢密院曾布曰:"章惇未尝与臣等商议,如皇太后圣谕极当。"尚书左丞蔡卞、中书门下侍郎许将相继曰:"合依圣旨。"皇太后又曰:"先帝尝言,端王有福寿,且仁孝,不同诸王。"于是惇为之默然。——摘自《宋史·卷十九》

**【译文】**元符三年(1100年)正月己卯日,哲宗逝世,皇太后垂帘听政,哭着对宰臣说:"国家遭到不幸,大行皇帝没有儿子,皇位继承人要早点确定。"章惇高声回答说:"按照礼制应当立先帝的同母弟弟简王。"皇太后说:"神宗的各个儿子,申王年长,但眼睛患病,其次就是端王,应当立端王。"章惇接着说:"按年龄申王年长,按礼制则应当立先帝的同母弟弟简王。"皇太后说:"都是神宗的儿子,没有比这更难区分的,按顺序应当立端王。"知枢密院曾布说:"章惇没有与臣等人商议,照皇太后的圣旨办理极其恰当。"尚书左丞蔡卞、中书门下侍郎许将接着发言说:"应当遵照皇太后的圣旨。"皇太后又说:"先帝曾经说,端王有福寿之相,并且仁义孝顺,不同于其他各位王。"章惇于是默不作声。

**天造地设**:造,制作;设,安排。指事物自然形成,合乎理想,不必再加人工。

**蚕头燕尾**:形容书法起笔凝重,结笔轻疾。

**空前绝后**:以前没有过,以后也不会再有。形容超绝古今,独一无二。

**海上之盟**:北宋朝廷派使节自登州(今山东省烟台市蓬莱区)、莱州(今山东省莱州市)渡过渤海前往金国,签订共同灭辽复燕的军事合作盟约。

宋史·高宗本纪

# 高宗本纪

> 赵构（1107—1187年），字德基，出生于汴京皇宫内。宋徽宗第九子、宋钦宗之弟，宋朝第十位皇帝，南宋开国皇帝，死后庙号高宗。

## 偷安一方的"中兴"之君

赵构天性聪颖，博学强记，每天读书可背诵一千多字，还能拉开数百斤的硬弓，文武俱佳。他素有大志，但因母亲是宫女出身，身份低微，没有得到重视。

1126年春，金军包围开封府，下令宋朝派遣亲王、宰臣前去军中议和。赵构不畏生死，主动请求前往。某天夜里，宋军袭击金军失败。当时和谈的使者还在金军大营，金军怒斥宋朝没有信守承诺，同行宋臣十分恐惧，伏地痛哭。只有赵构不为所动，面对金军元帅毫不畏惧。金帅对此感到诧异，以为赵构不是真正的皇子，要求宋朝更换五皇子肃王，赵构得以回朝。

这年冬天，金军再次南侵，赵构奉命出使金营求和，路过河北，磁州（今河北省邯郸市）知州宗泽请求说："肃王一去不复返，金军已经逼近，大王去了又有什么用呢？请留在磁州吧。"赵构这才停止北行。几个月后，金军掳走徽、钦二帝，连同后宫嫔妃、宗室、大臣等三千余人，赵构成为唯一一个没有被俘虏走的皇子。

1127年，臣僚们劝赵构称帝，赵构痛哭，推辞不接受。大臣们又引用天命、人心，苦苦哀求，赵构最终在南京应天府（今河南省商丘市）即位，是为宋高宗。

此时，朝廷面临的局面十分险恶，金军步步紧逼，宋军连连战败，民心、士气极其低落，处于内外交困的境地。面对困境，宋高宗起用抗战派李纲为宰相，仅仅七十多天后，又罢免李纲，转而重用投降派大臣，一味幻想求和，直接放弃中原，逃往江南。

然而，金军并没有停止脚步，跟随宋高宗南逃的权臣、宦官骄纵贪财，引起护卫将领、士兵的不满。随军将领苗傅和刘正彦利用这种不满，发动兵变，杀了高宗身边的宠臣和宦官，逼迫高宗退位，史称"苗刘兵变"。

虽然这场兵变不久就被平定，但鉴于宋朝"重文轻武"的家法，高宗对地方武装和军队将领拥兵坐大的后果十分

宋史·高宗本纪

警惕。这次政变也成了他心中挥之不去的阴影，使他终其一生都不再信任武将。

宋高宗复位后，继续向金国求和，自己则继续南逃，甚至一度乘船逃入茫茫大海。金人毫不怜悯，兵分多路向南进犯，准备一举灭宋。

与此同时，以张浚、赵鼎为首的文臣，以韩世忠、岳飞、吴玠（jiè）为代表的将领，坚持组织抗金，先后取得几

▼ 宋高宗逃入茫茫大海

二十四史马上读，语文历史都进步

次胜利。金军顾虑战线太长，兵力有限，最终撤军北归。高宗这才得到喘息之机，将杭州改称临安府，作为临时京城。

金军暂停南侵后，宋高宗马上任用主和派秦桧为宰相，竭力压制主战派大臣。1140年，岳飞率军对金战争中节节取胜，有望收复东京开封府。

秦桧唆使党羽上奏说："如今兵力微弱，百姓困苦，国库空虚，如果岳飞继续深入作战，岂不是非常危险吗？"高宗也担心岳飞功高震主，于是下定决心，连发十二道金牌，命令大军即刻班师回朝。

第二年，宋高宗解除岳飞等大将的兵权，向金国表示议和决心。不久，他授意秦桧以"莫须有"的罪名杀害岳飞父子，同金朝签订了屈辱的"绍兴和议"，向金称臣纳贡，宋金之间有了短暂的和平。

对外局势稍稳后，宋高宗采取多种措施促进国家内部发展，巩固统治。他抽调精兵镇压江西、福建（今江西省、福建省一带）等地方的农民起义军和盗匪，稳定了南方。

与此同时，大力安置北方流民，颁布利民、利农政策，大力发展农业，重视海外贸易，鼓励社会经济与民间商业的发展，刺激了商品流通，加速了贸易的发展，衍生出众多的新生行业，促进了南方的安定繁荣。我国南方超过北

方成为经济重心,就是从南宋开始的。

宋高宗自身也非常勤俭,他在临安府的皇宫只有十几间像样的宫殿,宋金达成和议后,天下暂时太平,有大臣提议扩建宫殿,造三百间房子,高宗在批示时减去三分之二。

然而,宋高宗屈辱求安的国策遭到越来越多人的反对,统治难以继续,便于1162年以年老厌烦政务、想休养为借口宣布退位,自称太上皇帝,时年五十六岁。

1187年,宋高宗病死于临安府德寿宫,终年八十一岁。他在位期间重用奸臣,杀害良将,但也努力稳定了政局,与民休养生息,促进经济的繁荣发展,使宋朝的统治得以延续。

## 经典原文与译文

【原文】癸酉,吕颐浩等以旱乞罢政,帝赐诏曰:"与其去位,曷若同寅协恭,交修不逮,思所以克厌天心者。"颐浩等乃复视事。——摘自《宋史·卷二十七》

【译文】高宗绍兴三年(1133年)七月癸酉日,吕颐浩等人因旱灾请求罢去职务，皇帝赐给诏书说："与其离开职位，倒不如君臣同心协力，共同修养，改正缺陷，想想怎样克服旱灾带来的困难。"吕颐浩等才又开始处理政事。

**偏安一隅**：偏安，偷安；隅，角落。在残存的一片土地上苟且偷安。指封建王朝不能统治全国，苟且安于仅存的部分统治地区。

**泥马渡江**：赵构被金军追击，梦见神人提醒他赶紧乘马逃跑，他醒来后急忙骑马南逃，渡过江后，发现马是泥塑的。

宋史·石守信列传

# 石守信列传

> 石守信（928—984年），字守信，开封府浚仪县（今河南省开封市）人。北宋开国名将。

## 🟢 善始善终的开国武将

石守信早年跟随后周太祖郭威，成为护卫皇帝的禁军将领，颇受信任。后周太祖死后，后周世宗即位，北方的北汉政权趁机进攻后周，世宗御驾亲征。在高平之战中，石守信立下大功，受到重用。之后，他跟随世宗南征南唐、北伐辽国，屡立战功，不断升迁，成为主要将领之一。

石守信和宋太祖赵匡胤交情深厚。当初，太祖、石守信等十人一起成立义社，歃（shà）血为盟，结拜成为异姓兄弟，称为"义社十兄弟"。后来，太祖担任禁军最高指挥官，石守信又接替他原先的职位，成为太祖的副手，关系更加密切。

960年,宋太祖在陈桥驿(今河南省封丘县境内)发动兵变,被拥立为皇帝。石守信在京城掌管禁军,事先部署士兵,在城内接应,打开城门,兵变部队得以顺利进城。

石守信遇事思虑周密,深得宋太祖信任。占据扬州的将领对太祖称帝表示不服,举兵叛乱,太祖御驾亲征,驻扎在大仪(今江苏省扬州市附近)。石守信仔细观察战场形势,派人紧急向太祖奏报:"扬州城被攻破就在旦夕之间,如果皇帝亲临,可以趁士气旺盛一举平定。"太祖率军急速赶到扬州,石守信果然迅速攻下扬州城,平定了叛乱。

自从唐朝末年藩镇割据以来,领军将领拥兵自重,成为天下动荡的根源。到了五代十国时期,手握兵权的武将们更是信奉强权,认为兵强马壮者就能当天子,常常起兵造反,割据一方。宋太祖也是凭借兵权夺得帝位,宋朝刚刚建立,不断有地方节度使起兵反宋,让太祖很不踏实,想要将天下兵权收归己有。

有一天,宋太祖宴请石守信等将领。酒至半酣,太祖说:"朕若没有诸位,也当不了皇帝。然而虽贵为天子,还不如做节度使快乐。当了皇帝后,朕一直没有好好睡过觉。"这番话让众人大惊失色,慌忙跪下说:"现在天命已定,谁还敢有异心!陛下何出此言?"太祖说:"朕知道你们都忠心耿耿,但如果你们的部下贪图富贵,把

## 宋史·石守信列传

黄袍披在你们身上,纵然你们不想造反,到时还由得你们吗?"石守信等人大吃一惊,急忙请求太祖指一条明路。太祖于是劝说他们积聚金银、购置田宅以便留给子孙,养些舞姬安享天年。石守信等人心领神会,第二天纷纷请求解除兵权,太祖一一准奏。这就是"杯酒释兵权"。

此后,三十五岁的石守信担任天平军(今山东省东平县)节度使,一连担任了十七年,四处搜刮民财,积聚了巨额财富。

▼ 宋太祖宴请石守信等人,趁机解除了他们的兵权

石守信特别信奉佛教，在西京洛阳（今河南省洛阳市）修建崇德寺，招募大量百姓运送砖瓦木材，驱使威逼得非常紧迫，但不给工钱，百姓对此怨声载道。皇帝见他犯下种种触怒民心之举，放下了对他的戒心，一直予以厚待。

984年，石守信逝世，终年五十七岁。石守信作为宋朝六位开国元勋之首，一生南征北战，平定国内叛乱，稳固政治局势，深受宋太祖信任。他能够急流勇退，明哲保身，顺应皇帝意愿和时代要求，主动归还兵权，避免了历朝开国之初众多功臣"狡兔死，走狗烹"的惨烈命运，也为人生画上了圆满的句号。

### 经典原文与译文

【原文】帝曰："人生驹（jū）过隙尔，不如多积金、市田宅以遗（wèi）子孙，歌儿舞女以终天年。君臣之间无所猜嫌，不亦善乎？"守信谢曰："陛下念及此，所谓生死而肉骨也。"明日，皆称病，乞解兵权，帝从之，皆以散官就第，赏赉（lài）甚厚。——摘自《宋史·卷二百五十》

**【译文】** 宋太祖说:"人生就如白驹过隙般短暂,你们不如多积聚金银、购置田宅来留给子孙,多养些歌儿舞女来享受天年。我们君臣之间没有什么猜忌嫌怨,不是很好吗?"石守信感激地说:"陛下为臣考虑得如此周全,就是所说的使死人复生、使白骨长肉的恩典啊!"第二天,石守信等人都托言有病,请求解除兵权,太祖准许了他们的请求,让他们都以散官的身份回家养老,赏赐非常优厚。

词语积累

**白驹过隙:** 白驹,白色骏马;隙,缝隙。像白色骏马在细小的缝隙前飞快地跑过。形容时间过得极快,光阴易逝。

**生死肉骨:** 生,使……活过来;肉,使……长出肉。使死人复生,白骨长肉。形容恩惠极大。

# 赵普列传

> 赵普（922—992年），字则平，祖籍幽州蓟县（今天津市蓟州区），后来迁居河南府洛阳县（今河南省洛阳市）。五代至北宋初年著名政治家，北宋开国功臣。

## ● 大宋"第一谋臣"

赵普出身官吏世家，是家中长子，为人淳厚，沉默寡言。豪门大族魏氏十分欣赏他，将女儿许配给他。

赵匡胤在后周担任禁军将领，奉命征讨淮南，赵普在赵匡胤的幕府参赞军务，两人曾经深入交谈，赵匡胤觉得他很不寻常。

恰好赵匡胤的父亲赵弘殷在滁州（今安徽省滁州市）养病，赵匡胤正奉命外出作战，脱不开身。赵普主动请缨，尽心尽力伺候了几个月。赵弘殷十分感激赵普的照顾，将他当作赵氏同宗对待。赵匡胤于是更加信任赵普，到哪里任职都带着他。

960年正月初二，赵匡胤奉命率军北上御敌，天黑时驻军于距离京城开封东北二十公里的陈桥驿（今河南省封丘县境内），赵普和赵匡胤、赵光义开始策划兵变。

赵普先在将士中散布议论，说当今皇帝年幼，将士即使冒死破敌，也没有地方领功受赏，不如先拥立赵点检为皇帝，再出发北征。将士们的情绪很快被煽动起来，赵普和赵光义见时机成熟，便将事先准备好的黄袍披在赵匡胤身上，呼喊万岁。赵匡胤登基后，赵普受到重用。

当年年末，宋太祖赵匡胤平定节度使叛乱后，询问赵普使国家长治久安的方法。赵普早有所虑，说："这个问题的症结，在于藩镇权力太重，君弱臣强而已。只要削夺他们的权力，控制他们的财政，收缴他们的精兵，天下自然就安定了。"太祖十分认同。

当时，开国大将石守信等人是宋太祖的故友，赵普数次请求收回他们的兵权，太祖说："他们肯定不会背叛朕，你何必担忧呢？"

赵普说："臣也不担心他们会背叛陛下，但是如果他们的部下贪图富贵，要拥戴他们，他们能够自主吗？"太祖便以酒宴的方式收走了几位开国大将的兵权。

一天夜里,天降大雪,宋太祖冒雪来到赵普家,一起商议攻伐北汉(今山西省中部、北部)之事。赵普说:"北汉之地能阻挡西面、北面,如果现在攻克它,则我国需单独抵挡这两面,不如等削平其他各国以后再来攻取。"太祖笑着说:"朕也是这么想的,特地来试试你罢了。"由此确定了"先南后北"的统一方略。

宋太祖信任赵普,赵普也敢于坚持己见。一次,赵普

▼ 宋太祖雪夜访赵普

要提拔一名官员，太祖向来厌恶这个人，不批准。赵普再次请求，太祖很生气，执意不肯。

赵普说："提拔人才，都是为国家着想，陛下怎么能凭个人好恶专断！"太祖听了，气得脸色变白，一甩袖就往内宫走。赵普坚持站在宫门外，过了很久，太祖终于同意了。

吴越王钱俶（chù）曾派人给赵普送信，以及"海物十瓶"，放在堂屋的左廊下。正好宋太祖来访，赵普匆忙出去迎接，来不及遮挡。太祖见了就问是什么，赵普说是海物。太祖说："钱俶送的海物，肯定是好东西。"命人打开，发现装的都是金瓜子。赵普很惶恐，叩首说："臣还没来得及打开看，确实不知道装的是什么。"太祖笑着说："不要担心，尽管收下。他以为国家大事都是你们书生决定的呢！"但太祖因此开始不满，不久就罢免了他的相位。

赵普深受宋太祖信任，曾多次建议削弱赵光义的势力，并运用宰相权力打压赵光义。赵光义登基后，赵普郁郁不得志。赵光义即位的第六年，赵普献出由自己记录、藏在金匮之中的杜太后（太祖、太宗生母）遗命，称杜太后临死前要求太祖死后传位给弟弟。太祖驾崩后，太宗继承皇位,正是奉杜太后金匮遗诏行事。赵普以此成功获得太宗的信任,重新担任宰相。

赵普年少时不爱读书,当上宰相后,宋太祖劝他读书。晚年,赵普手不释卷,每次回家,就关起房门,认真诵读。第二天上朝处理政事,总是十分敏捷。他死后,家人打开箱子,发现里面只有《论语》二十篇。于是后世开始流传他"半部《论语》治天下"的故事。

992年,赵普在洛阳病逝,终年七十一岁。赵普三次担任宰相,是宋初统治集团的智囊,对北宋初年的发展做出了很大贡献。

### 经典原文与译文

【原文】普少习吏事,寡学术,及为相,太祖常劝以读书。晚年手不释卷,每归私第,阖户启箧(qiè)取书,读之竟日。及次日临政,处决如流。既薨,家人发箧视之,则《论语》二十篇也。——摘自《宋史·卷二百五十六》

# 宋史·赵普列传

【译文】赵普年轻时熟悉政事,学问不多,等到做了宰相,宋太祖常劝说他读书。赵普晚年读书勤奋,每次退朝后回到住宅,就关上门打开书箱拿出书,一读就是一天。等到第二天办理政务,处理很迅速。他死后,家里人打开书箱看,原来是《论语》二十篇。

词语积累

**一误再误**:误,错误。第一次就错了,第二次又错了。形容一而再、再而三地犯错误。也指一再被拖延、耽误。

**半部《论语》治天下**:旧时用来强调学习儒家经典的重要性。

**苦口婆心**:苦口,反复规劝;婆心,仁慈的心肠。比喻充满善意的耐心劝导。

# 曹彬列传

> 曹彬（931—999年），字国华，真定府灵寿县（今河北省灵寿县）人，北宋开国名将。

## ● 北宋第一良将

曹彬出身于将门世家。满周岁时，父母安排"抓周"，把各种玩具摆在桌子上，看他拿什么。结果曹彬左手拿兵器，右手抓俎（zǔ）豆，稍后又拿了一方印，对其他东西不屑一顾，亲人们都大感吃惊。

后周时期，因为曹彬的姨母是周太祖郭威的贵妃，曹彬得到提拔。上司王仁镐因他身份特殊，给予特别礼遇。曹彬不但没有骄傲自大，反而越发恭敬，参加官府的宴会，态度十分端重。王仁镐对下属们说："我自认为工作谨慎，勤奋不懈，但看到曹彬矜严端重，才感觉自己很是散漫。"

曹彬二十八岁时，奉命出使吴越国。他完成使命便即刻返回，不接受馈赠。吴越国主派出轻舟追他，想赠送礼物，曹彬多次推辞。坚持了一会儿，他说："如果再拒绝，就像是专门为了求取好名声了。"这才接受，回京后将礼物全部上缴官府。周世宗强行赐给他，曹彬才拜谢留下，后来又将礼物全部分给亲朋好友，自己一点不留。

当时，赵匡胤执掌禁军，权力很大。曹彬做事公正，没有公事绝不登门拜访，官员举行宴饮，他几乎不参加，因此得到赵匡胤看重。961年，曹彬被召回朝，宋太祖问他："从前，朕很想亲近你，你为什么总是疏远朕呢？"曹彬叩头谢罪说："臣是周皇室的亲戚，又担任着宫内职务，端正做官，尚且担心犯错误，怎么敢妄自交结呢？"太祖对他更加信任。

964年，宋太祖下诏攻伐后蜀，曹彬奉命监军。宋军进展神速，连续攻克州县，将领们都想用屠城的方式一逞杀欲，唯独曹彬命令军队收敛，所到之地的百姓都感激涕零。众将又趁机大势收揽美女钱财，曹彬的行装中只有图书和衣物。太祖听说后，特地下诏褒奖他。

十年后，曹彬等人奉命征伐南唐，连连大胜，不到一年时间，便包围了南唐国都金陵城（今江苏省南京市）。此后，曹彬时常放缓进攻节奏，希望南唐国主李煜（yù）能归降，派人晓谕他说："局面已经这样，只是可惜了一城百姓。唯有投降才是上策。"

宋军即将攻克金陵城,曹彬忽然生病,无法处理军务,将领们纷纷前来探望。曹彬说:"我的病不是药物能治好的,只需各位诚心发誓,攻下城池的那一天,不乱杀一人,那么我的病就自然好了。"将领们都同意照办。第二天,曹彬说病情有些好转了。第三天,金陵城被攻克。

李煜带着一百多名大臣到军营请罪,曹彬请李煜入宫

▼ 曹彬故意生病,要求众将遵守军纪

更换衣装,仅派了几名骑兵在宫门外等候。有人私底下对曹彬说:"如果李煜入宫发生不测,怎么办?"曹彬笑着说:"李煜性格懦弱,既然已经投降,必然不会自杀。"李煜君臣都依靠曹彬得到保全。曹彬入朝觐见,名帖上仅写着"奉令到江南办事回来",非常谦逊。

986年,宋太宗决定征讨辽国,下令曹彬与潘美等人分路进讨。临行前,太宗专门叮嘱曹彬要持重慢行,不要贪求功利。曹彬连续攻克州县,军威大振,进军速度开始加快。曹彬驻扎涿(zhuō)州(今河北省涿州市)时,携带十天的军粮吃完了,南撤到雄州(今河北省雄县)补充粮草。太宗知道后说:"哪里有敌人在前,反而撤退部队补充粮草的道理,太失策了。"急忙派使者阻止曹彬前进,让他马上与其他军队会师,然后按兵不动,积蓄力量。但曹彬麾下将领听说其他军队屡建军功,本军也是主力部队,却不能建立战功,议论纷纷。曹彬没有办法,又带着粮草再次进攻涿州,结果惨败。回朝后,曹彬被贬职,不久又得到任用。

曹彬晚年生病,宋真宗亲自看望,询问后事,曹彬说:"臣没有事情要启奏。只是臣的两个儿子曹璨(càn)和曹玮有才能,可以任用。臣如果举荐亲友,他们都能胜任大将。"真宗问两兄弟谁更优秀,曹彬说:"曹璨不如曹玮。"

999年，曹彬去世，终年六十九岁。曹彬的孙女就是赫赫有名的仁宗曹皇后，曾外孙女为英宗的高皇后，真定府曹家成为北宋第一望族。

曹玮是曹彬的第四个儿子，沉勇有谋，少年老成，精通《春秋》三传。宋太宗晚年，西部边境的党项族不断崛起，在首领李继迁的领导下，频频攻城略地，侵掠宋境，逐渐成为边患。曹玮十九岁就被太宗派去驻守边境，从此开启了长达四十年防御西夏的生涯。

有一次，山东名士贾同拜访曹玮，在馆舍居住。恰逢曹玮见完他之后，马上要去巡视边境，便邀请贾同同行。贾同见曹玮孤身一人，问他为什么不带护卫，曹玮说："已经到位了。"出门一看，外面站立着三千名战士，安静得如同没有人一样，而贾同丝毫没有察觉这些人是什么时候到的。

曹玮治军严明，赏罚立决；平时很闲暇，等到出兵，经常出奇制胜。他治军虽然不如曹彬宽仁，但能够自成一家。

### 经典原文与译文

【原文】城垂克，彬忽称疾不视事，诸将皆来问疾。

宋史·曹彬列传

彬曰:"余之疾非药石所能愈,惟须诸公诚心自誓,以克城之日,不妄杀一人,则自愈矣。"诸将许诺,共焚香为誓。——摘自《宋史·卷二百五十八》

【译文】金陵城即将被攻克,曹彬忽然称病,不处理事务,众将领都来探视病情。曹彬说:"我的病不是药物能治好的,只需各位诚心发誓,攻下城池的那一天,不乱杀一人,那么我的病就自然好了。"众将领答应了,共同焚香发誓。

词语积累

夙(sù)夜匪懈:夙夜,早晚;匪,不;懈,懈怠。形容不分白天黑夜地工作,勤奋不懈。

秋毫无犯:秋毫,秋天时鸟兽新长出的细毛,比喻微小的事物。形容军纪严明,丝毫不侵犯百姓利益。

# 杨业列传

> 杨业(？—986年)，原名重贵，北汉皇帝赐名刘继业，戏剧中常称杨继业、杨令公，并州太原县（今山西省太原市）人，北宋初期名将。

## "无敌"杨家将

杨业从小性格洒脱，有担当，善于骑马射箭，喜欢打猎，猎物经常比别人多好几倍。他曾经对下人说："我将来要是能领军打仗，也要像猎鹰、猎狗追逐猎物一样追击敌人。"

杨业从年轻时追随北汉世祖刘崇，世祖赐名刘继业。杨业凭借骁勇善战而出名，立下赫赫战功，多次升迁。因为每次作战都能取胜，于是得了"无敌"的绰号。

宋朝经过太祖、太宗的不懈努力，完全平定了南方，周边小国只剩下北汉，仰仗辽国的支持，负隅顽抗。979年，宋太宗亲征北汉，早就听闻杨业的名声，下令悬赏他。宋军兵临城下，杨业劝北汉皇帝刘继元投降，保全太原城的民众。

刘继元投降后，宋太宗马上召见杨业，恢复他的杨姓，并改单名"业"，任命为大将军。不久，太宗考虑到杨业对边境情况很了解，对付契丹有经验，又改任他为山西边境地区的军事长官，负责防备辽国，赏赐许多财物。

一年后，十万辽军攻打雁门关（今山西省代县境内）。杨业率领几千名骑兵绕到雁门关的北面，向南突袭辽军，与将领潘美前后夹击，大败辽兵。杨业因此声威大震，以至于辽军见到杨业旗号，立马吓得逃跑。很多宋军边将嫉妒杨业，私底下上书诬陷他，宋太宗看完这些奏章，封好后交给杨业，从不多问，以示信任。

986年，宋太宗决定北伐辽国，收复燕云十六州，杨业被任命为西路军副帅，潘美担任主帅。各路大军接连攻下了寰（huán）州（今山西省朔州市）等四个州，然而东路军主帅曹彬在岐沟关之战中惨败，太宗下令各路军队撤退。

不久，宋太宗下诏把这四个州的百姓迁移到内地，要求潘美等人带领军队护卫。当时，十多万辽军在萧太后的亲自率领下，再次攻陷寰州。杨业对潘美等人说：

"辽军气盛,不能正面交锋。应该由各部队协同出动,然后设下埋伏,百姓们才能万无一失。"但其他将领联合起来反对,主张大张旗鼓进军,根本不需如此费事,又说:"杨将军一直号称'无敌',现在看到敌人却徘徊不前,莫非有别的想法?"杨业为了表明心志,决定自己先率兵出战。

临行前,杨业哭着对潘美说:"此次行动必定对我们不利。我杨业本是太原府的降将,按理应当去死。皇上不杀我,还恩宠地任命我为高级将领,授给我兵权。我不是放掉敌人而不打,只是为了等待最有利的攻敌时机,准备立一些战功以报答国恩。今天各位用躲避敌人的名义来责备我,我应当先战死在敌人手中。"他提前计划好作战策略,指着陈家谷口(今山西省宁武县境内)说:"请务必在这里布置军队,安排弓箭手。等我转战到这里,同时夹击敌人,否则就会全军覆没。"潘美等人率领兵马在谷口布阵。

在等待的过程中,众将以为杨业击败了辽军,打算跟他争功,于是率兵离开谷口,潘美无法制止。不久,杨业战败的消息传来,潘美立即带兵撤退。杨业从中午奋战到傍晚,终于来到陈家谷口,没有看到援兵,非常悲痛。继续率领士兵们奋勇交战,很快都战死了。

杨业身上多处受伤,仍然亲手杀了几百名敌人。他的

▼ 杨业杀敌殉国

战马也受了重伤无法行进,杨业只能藏身林中,不幸被俘。杨业叹息说:"陛下待我不薄,我期望奋勇杀敌、保卫边疆来报答,现在却被奸臣胁迫,导致战败,还有什么脸面活着呢!"于是绝食三天而死,他的二儿子也一起战死。

杨业死讯传来,宋太宗非常悲痛,下诏追封表彰,处罚了相关将领,主帅潘美降职三级。杨业英勇献身,也赢得了敌人的尊重,辽国人甚至修建庙宇祭祀他。

此后,杨业的儿子、孙子继承他的衣钵,继续守护边疆,抗击辽国,"杨家将"英勇事迹由此被传为佳话。从宋朝中期起,就有民间艺人把杨家将的故事编成戏曲,搬上舞台。到了明代,杨家将故事进一步丰富,出现了《杨家将演义》《杨家将传》,以小说、评书的形式在社会上广泛传播,时至今日仍然被大家铭记。

## 经典原文与译文

【原文】将行,泣谓美曰:"此行必不利。业,太原降将,分当死。上不杀,宠以连帅,授之兵柄。非纵敌不击,盖伺其便,将立尺寸功以报国恩。今诸君责业以避敌,业当先死于敌。"——摘自《宋史·卷二百七十二》

**【译文】** 快要出发时,杨业哭着对潘美说:"此次行动必定对我们不利。我杨业本是太原府的降将,按理应当去死。皇上不杀我,还恩宠地任命我为高级将领,授给我兵权。我不是放掉敌人而不打,只是为了等待最有利的攻敌时机,准备立一些战功以报答国恩。今天各位用躲避敌人的名义来责备我,我应当先战死在敌人手中。"

### 词语积累

**行兵布阵:** 行兵,出兵。指挥军队出征,布置阵势作战。泛指军事指挥的方法。

**慨然允诺:** 慨然,慷慨。毫不犹豫地答应下来。

**血染沙场:** 沙场,战场。鲜血染红了战场,指在战场上战死。

二十四史马上读，语文历史都进步

# 寇准列传

> 寇准（961—1023 年），字平仲，华州下邽（guī）县（今陕西省渭南市）人，北宋著名政治家。

## ● 力挽狂澜的真宰相

寇准的远祖在周武王时担任司寇，因为屡屡立下大功，被赐以官职为姓，因此姓寇。寇准天资聪明，勤奋好学，少年时就写了很多优秀的诗篇，还精通《春秋》三传。

寇准二十岁参加进士考试。当时宋太宗喜欢到殿前亲自看望进士，并相机提问，但很少选用年轻人。有人教寇准增报年龄，寇准说："我正想要走入仕途，为国效力，怎么可以欺骗陛下呢？"

十年后，寇准已经担任京官。有一次，朝廷处理了两桩受贿案，但结果不公正，寇准心中不平。第二年春季发生旱灾，宋太宗召集近臣询问政事得失。

寇准说："《洪范》说，天和人的关系相互应和，发生大旱是因为刑罚不公平。"太宗很生气，起身回到宫中。过了一会儿，召见寇准询问原因，寇准说："请陛下先将政事堂、枢密院的大臣召来，臣才能说。"太宗照办。寇准这才当着众人的面说："去年，祖吉和王淮都因为受贿被处罚，祖吉受贿较少却被处死，王淮受贿多却只被免职，而后不久又官复原职。这是因为王淮的哥哥是宰相王沔（miǎn），这难道公平吗？"太宗责问王沔，王沔叩头认罪，太宗更加信任寇准。

宋太宗当年以皇弟的身份即位，晚年时内心挣扎究竟册立太祖的儿子，还是自己的儿子。大臣们心知肚明，但没人敢进言立储之事。寇准从外地还朝，太宗问他应该立谁为太子。寇准早已猜到太宗的想法，但没有直接回答，而是说："陛下为天下百姓选择君王，不能与后妃、宦官商量，也不要与近臣商量，应该册立众望所归的人为太子。"太宗低头想了好久，屏退侍从，轻声问道："襄王怎么样？"寇准心中赞成这一选择，便说："知子莫若父。陛下既然认为襄王可以，就请尽快决定。"襄王就是后来的宋真宗。

宋真宗继位时，辽国正值萧太后执政，国力强大，频繁骚扰宋朝边境，宋军多次战败。1004年，萧太后与她的儿子辽圣宗亲率二十万辽军，逼近宋境。前线急报传来，朝廷官员惊慌失措，一些大臣提议迁都躲避。真宗本来也没有抗敌的心思，询问大臣们的意见，担任宰相的寇准说："谁提议迁都，谁就应该被处死。现在陛下神明威武，文臣武将都很团结，如果御驾亲征，敌人会马上逃跑。从敌我形势来看，我们必定取胜。为什么要放弃社稷、祖庙，到南方边远的地方定都呢？如果人心崩溃了，敌人乘势而入，还能够保住天下吗？"终于制止了迁都避敌的主张。

辽兵继续南进，抵达黄河边的澶州（今河南省濮阳市），与都城汴京仅隔着一条黄河。宋真宗意识到，唯有奋起抵抗，才能赢得生机，于是在寇准的多次督促下决定亲征。当时的澶州城被黄河从中穿过，分为南北两城，真宗到达澶州时，辽军已经抵达北城附近，真宗不敢过河，只愿驻扎在南城。寇准与太尉高琼力劝了一番，真宗才决定渡过黄河。在北城守卫的宋朝军民，见到皇帝的黄龙旗，马上欢声雷动，士气倍增。

宋真宗到北城巡视后，仍回到南城居住，寇准留在北城，负责指挥作战。真宗几次派人探视寇准，见寇准在城楼上喝酒下棋，十分镇定，才放心地说："既然寇准这样胸有成竹，我还有什么可担忧的呢！"

辽军深入宋境，后勤补给变得困难，战线拉得太长，在战场上节节失利，萧太后便想通过议和拿到在战场上得

▼ 寇准镇定指挥澶州之战

不到的东西。宋真宗本来就没有抗敌的意愿,又畏惧辽军,也倾向于议和。寇准见宋军士气高涨,河北军民在后方不断骚扰辽军,形势一片大好,主张乘势出兵,收复燕云十六州。但因为真宗决定和谈,议和派占据了上风,指责寇准拥兵自重,有不轨之心,寇准被迫同意议和。

宋真宗派曹利用为和谈代表,临行前,曹利用请示谈判条件,真宗说:"割地绝对不行,给钱的话,即使一百万两银绢都可以。"寇准就守在门外,等曹利用出来,叮嘱他说:"虽然有圣上的旨意,但如果你答应的银绢超过了三十万两,我就砍下你的头!"这年年末,宋辽双方订立和约,史称"澶渊之盟"。两国从此维持了一百多年的和平。

寇准在"澶渊之盟"中得罪了主和派,后来又因为坚持原则,得罪了宋真宗宠爱的刘皇后,被一贬再贬。1022年,寇准被贬到雷州(今广东省雷州市),第二年在这里去世。他的诗文被后人编为《寇莱公集》,在世上流传。

### 经典原文与译文

【原文】尝奏事殿中,语不合,帝怒起,准辄引帝衣,

宋史·寇准列传

令帝复坐,事决乃退。上由是嘉之,曰:"朕得寇准,犹文皇之得魏征也。"——摘自《宋史·卷二百八十一》

【译文】寇准曾在大殿上奏言事,说话不符合宋太宗的心意,太宗发怒起身,寇准就拉住太宗的衣服,请太宗重新坐下,决定好政事才退朝。太宗由此嘉奖他,说:"朕得到寇准,就好像唐太宗得到魏征一样。"

词语积累

**锋芒不露**:锋芒,刀剑的尖端,比喻显露出来的才干或心机;露,显露。有才干或心机却不外露。形容满腹才干或心机,表面上看不出来。

**溜须拍马**:溜须,拂胡须;拍马,拍马屁。比喻讨好奉承。

# 狄青列传

> 狄青（1008—1057年），字汉臣，汾州西河县（今山西省汾阳市）人，北宋中期名将。

## ● 逆袭的"面涅将军"

狄青出身寒门，十几岁时，因为跟乡人斗殴，被关进监狱，在脸上刺字后发配京师充军。因为精通骑马射箭，便当了骑兵，后来积累功劳慢慢升官。

宋朝西部的西夏国经过多年发展，实力提高，国主李元昊于1038年正式称帝，宋仁宗命令狄青率军前往征讨。当时，前线将领屡次被西夏打败，很多战士都怯战，狄青打仗时经常亲自冲锋。他作战四年，前后经历大小二十五次战斗，八次被乱箭射中。

某次在安远（今甘肃省甘谷县境内）交战，狄青已经受了重伤，听说西夏军队抵达，立即挺身而起，飞速

宋史·狄青列传

赶往前线,将士们受到鼓舞,也争先恐后奋力杀敌。狄青每次作战,都披头散发,带着铜面具,在西夏军中来往冲锋,无人敢挡,人称"面涅(niè)将军"。

两年后,狄青求见陕西当地负责军政的副官尹洙(zhū),交谈之后,尹洙十分欣赏他,将他推荐给时任军政长官的韩琦和范仲(zhòng)淹,说:"这个人是良将之材。"两人一见狄青,也认为他是奇才,以厚礼相待。

▼ "面涅将军"狄青

范仲淹特意提醒狄青读《左氏春秋》，说："作为将领，如果不懂得古今历史，就只有匹夫之勇。"狄青从此认真读书，精通秦汉以来各位名将的兵法，更加骁勇善战，战功显赫，不断晋升。

1042年，因为狄青多次立下战功，宋仁宗想召他入朝询问军国大计，正好碰上西夏侵犯渭州（今甘肃省定西市），便命令他绘出军事地图进呈。李元昊称臣后，狄青更加受到重用。

经历十多年的奋斗，出身寒门的狄青终于显贵起来，但脸上的刺字一直还在。仁宗曾劝狄青除掉刺字，狄青说："陛下根据功劳提拔臣，不过问臣的出身，臣之所以有今天，就是因为这些刺字，臣希望保留它来鼓励军队，不敢奉行诏令。"

1052年，少数民族首领侬智高反叛，攻陷邕（yōng）州（今广西壮族自治区南宁市），继续往广州（今广东省广州市）进军，朝廷大军屡屡战败，南岭地区人心动荡。

狄青入见宋仁宗，主动请战，说："臣是当兵出身，除了上战场杀敌，没有什么可以报效国家的。希望陛下拨给一些军队，臣带领他们去将叛贼的头砍下送到京城。"仁宗佩服他的豪言壮语，命他率军平叛，亲自设酒送行。

宋史·狄青列传

之前，好几位将领因轻敌而战败，官军士气低落。狄青到任后，命令将领们不得擅自与叛军作战，听从他的统一指挥。

有一名将领贪图战功，趁狄青还没有到达，擅自率领八千名步兵攻打叛军，结果大败。狄青说："号令不统一，正是军队失败的原因。"一大早便集合各将领，将三十多位败将全部抓起来斩首示众，其他将领吓得两腿发颤。

狄青下令全军停止前进，休整十天。侬智高的侦察兵汇报了这个消息，侬智高认为宋军不会马上进攻。不料，狄青第二天便集合人马，连夜出发，翻越昆仑关，偷袭叛军，斩数千首级，生擒五百多人，侬智高在夜间纵火烧城后逃走。黎明时，狄青领着部队攻进邕州城，缴获财物无数。

当时叛军尸体中有个穿金色龙袍的，众人都认为这是死了的侬智高，要向朝廷报功。狄青说："怎么知道这不是一个骗局呢？我宁愿说侬智高失踪，也不敢因为贪求战功而欺骗朝廷。"狄青回到京师，宋仁宗嘉奖他的功绩，提拔他为主管军政的枢密院长官。

宋朝从太祖确立"重文轻武"的国政之后，大力扶持文官集团，武将的地位不高。历代皇帝和文臣都猜忌

防范武将,宋仁宗时,甚至有文官宣称不准武将参与军事谋划。枢密院作为宋朝最高军事机关,自从开国以来担任枢密使的人都是文臣,以武将出身担任枢密使,狄青是第一人。

狄青从担任枢密使开始,就不断被猜忌,文官们多次非难他,仁宗一概置之不理。1056年,京城发生洪涝灾害,狄青因为躲水,搬家到大相国寺,在佛殿上居住。文官趁机上疏批评他的这一做法,狄青因此被免去枢密使一职,离京担任地方官。

第二年,狄青抑郁成疾,嘴生毒疮去世,终年五十岁。狄青的经历,是宋朝武将的缩影,在一定程度能说明宋朝的武功远逊于其他大一统王朝的根源。

## 经典原文与译文

【原文】青奋行伍,十余年而贵,是时面涅犹存。帝尝敕青傅药除字,青指其面曰:"陛下以功擢臣,不问门第,臣所以有今日,由此涅尔,臣愿留以劝军中,不敢奉诏。"——摘自《宋史·卷二百九十》

宋史·狄青列传

**【译文】**狄青在军队中奋起，十多年后才显贵起来，当时脸上的刺字还在。宋仁宗曾经敕令狄青敷药除掉刺字，狄青指着自己的脸说："陛下根据功劳提拔臣，不过问臣的出身，臣之所以有今天，就是因为这些刺字，臣希望保留它来鼓励军队，不敢奉行诏令。"

### 词语积累

**燕雀安知鸿鹄（hú）之志**：安，哪里；鸿鹄，大雁与天鹅，对高飞之鸟的通称。燕子与麻雀怎能知道大雁与天鹅的志向。比喻庸俗的人不能了解志向远大者的抱负。

**行伍出身**：行伍，古代军队的编制，五人为一伍，五伍为一行。指当兵出身的人。

# 韩琦列传

> 韩琦（1008—1075年），字稚圭，自号赣（gàn）叟，相州安阳县（今河南省安阳市）人。北宋名臣，政治家。

## ● 从改革派到保守派的贤相

韩琦出身于世宦之家，四岁时，父亲去世，几位兄长将他抚养长大。韩琦志向远大，性格稳重，沉默寡言，不喜欢玩乐，学问非常好。

韩琦二十岁考中进士，名列第二，随后进入仕途，官职逐步升迁。后来担任谏官，以抨击权贵、敢于直谏著称，曾经连续四次上疏弹劾四位宰执不作为，使得这四人同一天被罢免。韩琦从此名震京师。

1038年，原来臣服宋朝的西夏国主李元昊悍然称帝，宋仁宗大怒，两国战事一触即发。韩琦向朝廷详细分析了与西夏接壤的陕西的边防情况,被任命为陕西路的军事长官。

不久,李元昊大举围攻延州(今陕西省延安市),宋军守将兵败被俘。韩琦向皇帝上疏,以全族人的性命担保,保举因朋党勾结罪被贬的名臣范仲(zhòng)淹,范仲淹因此调任陕西,与韩琦成为搭档。

在对西夏用兵策略上,韩琦极力主张进攻,与西夏军队决战,范仲淹则主张持久防御,不要深入敌境。两人争执不下,呈给仁宗决定。仁宗希望一举解决问题,采用了韩琦的策略。

1041年春,李元昊准备大举攻宋,便假意求和,韩琦识穿了他的计谋,命令将领们严加防守。不久,李元昊率领十万大军进攻渭州(今甘肃省定西市),韩琦急忙派大将任福领兵阻击,告诫他不能贪功急进。

任福连连小胜之后,误入陷阱,宋军大败。韩琦立即下令退军。战后,朝廷追究责任,将韩琦降职。此后,韩琦开始支持范仲淹的防御建议,两人同心协力,守护边疆,收服人心,被天下人称为"韩、范"。

西夏虽然多次获胜,但损失惨重,李元昊主动提出和谈,边境形势稍微稳定。韩琦回京担任执政大臣。这时,宋仁宗在位二十多年,宋朝也已经建立八十多年,长期天下太平,

▲ 韩琦镇守边关

人心懈怠，官僚机构臃肿，办事效率很低，西夏、辽国威胁着西部、北部边境，老百姓的负担越来越重。朝中有见识的官员，都主张实施改革。

仁宗也想励精图治，有所作为，便同时任命范仲淹、富弼（bì）为执政大臣，欧阳修、余靖、蔡襄等人为谏官。一时之间，名臣云集，改革的呼声越来越高。由范仲淹主持，韩琦、富弼等人积极参与的"庆历新政"就此拉开序幕。

韩琦积极配合范仲淹，针对社会实际问题，提出了整顿吏治等一系列改革措施。然而，新政遭到守旧派官僚的

宋史·韩琦列传

激烈反对,他们诬告主持新政的大臣结为朋党,独揽大权。范仲淹、富弼被贬出朝,韩琦提出的建议也不被采纳,心灰意冷,自请离京,实施不到两年的新政以失败告终。

1058年,韩琦被宋仁宗任命为宰相。当时,仁宗年事已高,经常犯病,三个儿子早亡,迟迟没有册立太子,造成人心恐慌。

韩琦一上任,就对仁宗说:"皇嗣关系着天下的安危。自古祸乱出现,都是因为没有早定储君。陛下年岁已高,还没有建储,为什么不从宗室里选择贤能的人立为皇嗣?"又联合副宰相欧阳修等人极力苦劝,仁宗终于同意正式册立堂兄的儿子赵曙为太子,便是宋英宗。

宋英宗即位后,突然得了急病,皇太后曹氏垂帘听政。一些宦官趁机向曹太后说英宗的坏话,导致两宫产生误会。韩琦从中劝解,两宫关系渐渐缓和。

韩琦身为宰相,始终挂念边境防务,多次就边防问题做出安排。1066年,西夏大举进攻边境,韩琦建议停掉对西夏的财物赏赐,断绝双方交易,派遣使者向西夏问罪。一些大臣反对这样,列举仁宗时对西夏作战失败的事。

韩琦说:"现在的西夏国主李谅祚(zuò)不过是个狂童,并没有他父亲的智谋,而且我们现在的边防远胜当年。派人严厉责问,他们一定会服罪。"英宗照办,李谅祚果

071

然上表谢罪。

1069年,宋神宗任用王安石变法,各项新法相继颁布。韩琦先后上疏反对青苗法、免役法、市易法。在对外关系上,韩琦日趋保守,主张积极防御,请求神宗废除让契丹担忧的政策,以换取边境和平。

1075年,韩琦去世,享年六十八岁。韩琦历事三朝,无论入朝为相,还是任职外地,都尽职尽责,忠心报国。但他从仁宗庆历年间的改革者,变为神宗时期的保守派,被历代史家认为是一件憾事。

### 经典原文与译文

【原文】琦与欧阳修奏事帘前,太后呜咽流涕,具道所以。琦曰:"此病固尔,病已,必不然。子疾,母可不容之乎?"修亦委曲进言,太后意稍和,久之而罢。——摘自《宋史·卷三百一十二》

【译文】韩琦与欧阳修在曹太后帘前上奏政事,曹太后痛哭流泪,具体地叙说事情的由来。韩琦说:"这个病十分难治,病好之后,必然不会这样。儿子患病,母亲能

宋史·韩琦列传

不宽容吗?"欧阳修也委婉进言,曹太后意气逐渐缓和,过了很久才不再说这件事。

词语积累

**寒花晚节**:寒花,冬天开放的花。晚年的节操就像寒冬不凋的花。比喻人老而操守愈坚。

---

**垂绅正笏(hù)**:绅,士大夫的衣带;笏,朝笏。垂下衣带的末端,恭敬地拿着朝笏。形容大臣庄重严肃的样子。

# 富弼列传

> 富弼（1004—1083年），字彦国，河南府洛阳县（今河南省洛阳市）人，北宋名相。

## 不卑不亢的富相公

富弼的母亲身怀有孕时，梦见旌旗之下，仙鹤与大雁降落在自家庭院，声称是上天赦免，不久便生下了他。

富弼年轻时热爱学习，宽宏大量，范仲（zhòng）淹见到他后惊叹地说："是一个治国的大才。"将富弼的文章拿给宰相王曾、晏殊等人看，晏殊十分欣赏，将女儿嫁给了他。

宋仁宗恢复制科考试，范仲淹对富弼说："这是个大好机会，你应该通过这种方式进入朝廷。"富弼金榜题名，开始入仕为官。

1042年，富弼负责审察京师的刑事案件，发现有官员伪造僧侣名册，开封府不敢治罪。富弼报告执政大臣，请求捉拿犯罪的官员，宰相吕夷简对此很不高兴。

恰逢辽国在边境驻扎军队，派人前来索要关南（今河北省中部）的土地，态度十分强硬。朝廷决定派使者去辽国，大家都认为此行危险，不敢前行，吕夷简因此推荐富弼。

欧阳修引用唐朝名臣颜真卿出使被害的事例，请求留下富弼，吕夷简暗暗留下奏报，没有报给宋仁宗。富弼入朝面圣时说："陛下有忧虑，是臣子的耻辱，臣不敢贪生怕死。"仁宗深受感动，便让富弼接待辽使。

辽使进入宋朝境内，朝廷派宦官迎接慰劳，辽使声称有病，不出面答谢。富弼说："我从前出使辽国，得了病躺在车上，听到命令马上起身。现在皇帝的使者到了，而你不拜谢，为什么？"辽使感到吃惊，起来拜谢。

富弼陪同辽使畅谈，敞开心扉，辽使很感动，一高兴就将辽兴宗的要求暗中告知了富弼，说："能顺从就顺从，不能顺从，敷衍一下就行了。"富弼马上报告宋仁宗。仁宗只答应辽国增加一些岁币，并将宗室女子嫁给辽国的皇子。

因为此次谈判成功，宋仁宗想要提拔富弼，富弼说："国家有危难，臣子义不容辞，不应害怕烦劳，陛下为什么反而用官爵来示好呢？"他主动担任使者，前往辽国回访。辽兴宗指责宋朝违背盟约,加固边防,是想要对抗辽国,因此辽国才派使者索要土地,如果索要不成就起兵。

富弼说:"难道辽朝忘记了宋朝的恩德吗?当年在澶州,如果真宗皇帝听从将领们的意见,辽军一个都跑不掉。更何况,两国和好之后,陛下独享好处,一旦交战,利益就会全部归于臣下,陛下独自承受灾祸!"辽兴宗追问缘由,富弼说:"一旦发生战争,损失的军队、战马,消耗的钱粮,全由陛下承担,还不一定能赢;万一战败,损失更大。"辽兴宗醒悟,表示认可。

第二天,辽兴宗召富弼一起打猎,再次提出割地。富弼说:"既然辽国以获得土地为荣,本朝也一定以失去土地为耻。既然是兄弟之国,又怎么能让一国荣耀而另一国耻辱呢?"不卑不亢地拒绝了辽国提出的一系列无理要求。

等到富弼携带盟约前往辽国,辽兴宗说:"宋朝将东西给我们时应当说'献',否则要说'纳'。"甚至以出兵相威胁。富弼据理力争,辽兴宗知道不能改变他的想法,就说:"我自会派人商议此事。"富弼回朝上奏说:"微臣用死来拒绝辽国,他们的气焰已经被压制,我们不能同意这一要求。"但朝廷最终允许将"纳"字给予辽国。

▲ 富弼大义拒绝辽兴宗

宋神宗即位后,向富弼咨询治国之道,富弼知道神宗想要有所作为,说:"人主的好恶,应该无法让别人窥测;如果被窥测,就会有奸人主动迎合。应当像苍天监视人类一样,善恶自由,然后予以奖惩,这样功过都各得其所。"神宗又询问边疆事务,富弼说:"陛下刚刚即位,应该广施恩惠,希望二十年内不要提打仗的事。"两人一直谈到日落时分。

王安石开始变法,富弼坚决不执行新政。有大臣弹劾他,富弼仅被降职,王安石认为对他惩处太轻,又向宋神宗进言。富弼说："臣不了解新法，不能用来治理臣管辖的郡县，臣宁愿回家养病。"神宗心有不舍，但也只好同意。

1083年，富弼在家中去世，终年八十岁。富弼面对国家危难，毅然出使辽国，挽救了两国的和平。他在仁宗庆历年间参与新政，晚年反对王安石变法，成为守旧派。

## 经典原文与译文

【原文】康定元年，日食正旦，弼请罢宴彻乐，就馆赐北使酒食。执政不可，弼曰："万一契丹行之，为朝廷羞。"后闻契丹果罢宴，帝深悔之。——摘自《宋史·卷三百一十三》

【译文】仁宗康定元年（1040年），正月初一发生了日食，富弼请求停止宴会、撤掉舞乐，就在馆舍赐予契丹使者酒饭。执政大臣认为不行，富弼说："万一契丹人这样做，就是朝廷的羞辱。"后来听说契丹真的停止了宴会，仁宗深感后悔。

 **词语积累**

**德高望重：** 德，品德；望，威望。指品德高尚，很有声望。

**铭诸肺腑：** 铭，铭刻；肺腑，内心深处。牢记在内心深处。比喻永记不忘。

**诟（gòu）如不闻：** 诟，辱骂；闻，听。被人责骂却好像没有听见一样，不动声色。形容宽宏大量，涵养很好。

# 范仲淹列传

> 范仲（zhòng）淹（989—1052年），字希文，苏州吴县（今江苏省苏州市）人。北宋名臣，杰出的政治家、文学家。

## 🟢 先天下之忧而忧

范仲淹两岁时，父亲在任职之地生病去世，母亲谢氏无所依靠，被迫改嫁，范仲淹随继父的姓，改名朱说（yuè）。

范仲淹年少时就志向高远，二十三岁知道了自己的身世后，流泪告别母亲，前往应天府（今河南省商丘市）拜师求学。他日夜苦学，睡觉都不脱衣服，感到疲惫时，就用冷水洗脸，缺少食物时，就喝稀粥来维持。

二十七岁时，范仲淹以"朱说"之名考中进士，历任各地官职。不久，因为工作尽职获得升迁，于是恢复使用范仲淹之名，继续担任地方官。

1027 年，范仲淹在应天府为母亲服丧，时任知府晏殊久闻他的大名，邀请他到书院主持教务。每次说到天下大事，他都慷慨陈词，以节操自律，当时的士大夫矫正社会风气，崇尚高风亮节，都是范仲淹率先倡导，书院的学风为之一新。范仲淹的名声逐渐显著，晏殊也向宋仁宗举荐他。

宋仁宗即位的第八年，已经二十岁，但刘太后依然主持朝政。范仲淹这时担任京官，上书请求还政仁宗，没有得到答复。晏殊听说了此事，大吃一惊，责备他太轻率，不仅影响了自己的仕途，也连累了举荐者。

范仲淹写信答复晏殊，说："侍奉皇帝，应该说正直的话，做正直的事，但凡有益于国家，必定直言不讳，就算被杀也毫不畏惧。"

不久，范仲淹自请离京任地方官，依然多次上疏指陈弊政，宋仁宗认为他一片忠心。刘太后去世，仁宗亲政，马上召范仲淹回京。

当时，很多大臣纷纷指责刘太后在执政期间犯下的过失，大有秋后算账之意。范仲淹说："太后受先帝遗命，保护陛下这么多年，就算有小过错，也应该成全她的美德。"仁宗感悟，下诏不准擅自议论太后的事。

当年，因郭皇后误伤仁宗，而宰相吕夷简与郭皇后有矛盾，趁机联结宦官，策动仁宗废后。范仲淹据理力争，又被贬出京，后来担任苏州知州，因为政绩突出，被提拔为开封府知府，再次回到朝廷。

宰相吕夷简把持朝政，朝廷选用官员多出自他的门下。范仲淹进献《百官图》，讽刺宰相权力过大。吕夷简不甘示弱，指责他越职言事，勾结朋党，范仲淹又被贬谪。

当时，范仲淹身边聚集了一批志同道合的年轻官员，如欧阳修、蔡襄等人，他们纷纷为范仲淹上疏辩白，全部被牵连贬斥。范仲淹因为多次进谏被贬，好友梅尧臣劝他少说话，别管闲事。范仲淹说："我宁可大声说话而死，绝不沉默而生。"

1038年，西夏国主李元昊悍然称帝，率军进犯宋朝，与西夏相邻的陕西路局势紧张，宋仁宗紧急起用范仲淹，派他前往陕西防守边境。范仲淹到任后，改革军队制度，加强军事训练，完善防御体系，提拔了狄青、种（chóng）世衡等名将。

1042年，西夏再次进攻边境，宋军大败，仁宗指着地图对身边的人说："如果范仲淹能去援救，我就没什么可担忧的。"不久，范仲淹亲自前去救援，等到西夏撤退到边塞外才返还。仁宗接到奏报，高兴地说："我就知道范仲淹可用。"

## 宋史·范仲淹列传

第二年，李元昊请求议和，西边的战事稍微缓和，宋仁宗调范仲淹入京，担任执政大臣。仁宗想要有所作为，多次召见范仲淹、韩琦等人，又将欧阳修、蔡襄等人调任谏官，询问解决种种弊病的方法。范仲淹上疏《答手诏条陈十事》，仁宗大多采纳，颁布诏书公示天下，"庆历新政"开始。不久，范仲淹针对边境防守、吏治等问题，再次上疏仁宗，扩大改革范围。改革中利益受损的人，不断毁谤

▼ 范仲淹写作《岳阳楼记》

新政,反对声越来越大,范仲淹自请辞职,"庆历新政"随之失败,但这场改革成为王安石变法的先声。

1046年,范仲淹到邓州(今河南省邓州市)任职,其间收到好友、岳州(今湖南省岳阳市)知州滕子京的书信,请他为岳阳楼写一篇记文。范仲淹提笔写下《岳阳楼记》,将自己的毕生理想诉诸笔端,成为千古名篇。

后来,范仲淹又出资在老家苏州购买一千亩土地,收入全部作为范氏子孙读书、婚丧的资助,叫作"范氏义庄",一直运营到中华人民共和国成立,创造了慈善史上的奇迹。

1052年,范仲淹病逝,享年六十四岁。他的"先忧后乐"思想对后世产生了深远影响,激励着无数忧国忧民的仁人志士锐意进取,建功立业。

## 经典原文与译文

【原文】岁大蝗旱,江、淮、京东滋甚。仲淹请遣使循行,未报。乃请间曰:"宫掖(yè)中半日不食,当何如?"帝恻然,乃命仲淹安抚江、淮,所至开仓振之,且禁民淫祀,奏蠲(juān)庐舒折役茶、江东丁口盐钱,且条上救敝十事。——摘自《宋史·卷三百一十四》

**【译文】** 这年发生严重的蝗灾和旱灾,江南路、淮南路、京东路的灾情尤其严重。范仲淹请求派遣官员视察灾情,没有得到答复。他就在空隙之时问皇上说:"宫里的人半天不吃饭,会怎么样呢?"皇帝感到哀怜,于是派遣范仲淹担任江南路、淮南路的安抚使,范仲淹所到之处开仓济民,并且禁止百姓滥行祭祀,奏请免除庐州、舒州的折役茶及江南东路的丁口盐钱,并且逐条陈述救治弊政的十件事。

### 词语积累

**划粥断齑(jī):** 断,断开;齑,切碎的腌菜。划分凝固的粥,断开切碎的腌菜,按定量来吃。形容生活艰难,但仍勤奋学习。

**浩浩汤(shāng)汤:** 浩浩,水势很大;汤汤,水流很急。指水势壮阔的样子。形容广阔壮大的事物,或声势浩大的人流往前进。

# 包拯列传

> 包拯（999—1062年），字希仁，庐州合肥县（今安徽省肥东县）人，北宋名臣。

## 🟢 铁面无私的包青天

包拯二十九岁考中进士，因父母年迈，请求到家乡附近任职，朝廷将他调任至和州（今安徽省和县）。父母还是不想他离开，包拯便辞去官职，回家照顾他们。

几年之后，双亲相继去世，包拯在坟墓旁筑草庐服丧。直到服丧期满，他还是不忍离开，乡里父老多次来劝勉，很久之后他才出来任职。

1041年，包拯担任端州（今广东省肇庆市）知州。端州盛产砚台，属于皇家贡物。前任知州趁机敛取超过进贡数量几十倍的砚台，赠送给京城权贵。而包拯命令制造仅仅满足进贡数量的砚台，自己从不拿一方砚台回家。

宋史·包拯列传

三年后，包拯调到朝廷，升任监察御史，负责监察百官。大臣王逵（kuí）与两位宰相关系密切，多次担任地方财政官，借机立下很多名目剥削百姓，民愤极大。

王逵仰仗宋仁宗宠信，因此有恃无恐。包拯连续六次上章弹劾，仁宗不为所动，包拯第七次弹劾说："陛下不顾及百姓的抱怨，一味任用酷吏，确实是王逵的幸运，却是老百姓的不幸啊！"仁宗终于罢免了王逵。

后来，包拯担任主管财政的户部副使。辽国在邻边地区集结军队，宋朝沿边州县都加强防备，朝廷命令包拯去河北路调集军粮。包拯说："漳河地区的土地肥沃，百姓却无法耕种，还有几个州有一万五千顷民田，朝廷全部用来养马，臣请求把这些土地全都分给百姓耕种。"朝廷采纳照办。

1050年，包拯担任谏院长官。当时，宋仁宗宠爱贵妃张氏，张贵妃的叔父张尧佐连年升官。有一次，趁着仁宗上朝，张贵妃请求册封张尧佐为宣徽南院使，仁宗满口答应。

上朝后，仁宗正想宣布任命诏书，包拯站出来长篇大论，激烈反对，仁宗只好收回成命。回宫后，张贵妃还想为叔父美言几句，仁宗无奈地说："今天在大殿上，包拯的唾沫都溅到了我脸上。你只管要宣徽使，就不管包拯是

二十四史马上读，语文历史都进步

谏官吗？"由于包拯敢于弹劾权贵，渐渐得了"包弹"的名号，传遍天下。

两年后，包拯离京担任多地的地方官，执法铁面无私。他在家乡庐州任职，亲人朋友借用他的名义，做了不少坏事。一个从舅犯法，包拯大义灭亲，在公堂上将从舅依法重打了一顿。从此以后，他的亲人都收敛行事，不敢胡作非为。

几年后，包拯担任代理开封府（今河南省开封市）知府。因为他为人刚强坚毅，京城贵戚宦官都收敛行为。京城百姓认为包拯的笑和黄河水清一样难，小孩和妇女都知道他的名声。百姓们说："暗中行贿疏不通关系的人，只有阎罗王包拯。"

按照惯例，凡是到开封府衙打官司，只能将状子递交给守门府吏，府吏们趁机敲诈勒索。包拯到任后，打开官署正门，让告状的人能够当面陈述是非，府吏不再敢欺瞒。

1058年，宋仁宗已经年近五十岁，经常生病，还没有册立太子。包拯担任中央监察机构御史台的长官，上奏说："太子的位置一直空缺，大家都感到担忧，陛下这么久还不做决定，是为什么？"仁宗问道："你觉得立谁为太子好呢？"包拯回答道："臣请求尽快册立太子，是为宗庙

▲ 包拯在开封府断案

社稷考虑。陛下这么问，是怀疑臣。臣已经六十岁了，又没有儿子，臣请求册立太子，并不是为了自己！"仁宗非常高兴，说："这件事还需要慢慢商议。"

第二年，担任三司使（类似于财政部部长）的张方平购买豪强的财产，包拯上奏弹劾，使他免官；大臣宋祁接任，包拯又弹劾他。宋祁被罢免后，朝廷就让包拯暂时担任这一官职。

大臣欧阳修知道后，说："包拯这是看见牛踩踏了农田，就夺了人家的牛。朝廷的处罚已经很重，可他又贪图富贵来担任这个职务，不是更过分吗？"包拯觉得他说得有道理,避嫌待在家里,上奏辞去这一任命,朝廷不同意。很久之后,他才出来任职。

1062年,包拯在枢密副使任上突然生病,随后逝世,终年六十四岁。

包拯为官清廉,不惧权贵,执法公正,勤政爱民,是典型的符合儒家伦理的官员。他因此成为我国历史上著名的清官,他的故事在民间流传,并被改编成各种评书、戏剧、小说,如《三侠五义》《包青天》等,在后世的知名度很高。

### 经典原文与译文

【原文】有盗割人牛舌者,主来诉。拯曰:"第归,杀而鬻(yù)之。"寻复有来告私杀牛者,拯曰:"何为割牛舌而又告之?"盗惊服。——摘自《宋史·卷三百一十六》

【译文】有个盗贼割了别人家耕牛的舌头,牛主人来到官府告状。包拯说:"你只管回家去,杀了牛卖肉。"不久,又有人来到官府告发别人私自宰杀耕牛,包拯说:"你

宋史·包拯列传

为什么割了别人家耕牛的舌头,又来告他的状?"盗贼感到震惊,于是服罪。

### 词语积累

**阎(yán)罗包老**:阎罗,阎王;包老,包拯。民间传说包拯死后化身阎王,在阴间审案。比喻刚正耿直的人。

**铁面无私**:铁面,脸部跟铁一样,比喻不徇私情。形容公正严明,不怕权势,不讲情面。

**两袖清风**:袖,衣袖。两袖迎风而起,飘飘扬扬。比喻为官清廉,除了衣袖中的清风之外,什么都没有。

# 欧阳修列传

> 欧阳修（1007—1072年），字永叔，号醉翁，晚号六一居士，吉州永丰县（今江西省永丰县）人，出生于绵州（今四川省绵阳市）。北宋政治家、文学家。

## 宋朝第一位文坛领袖

欧阳修四岁时父亲去世，母亲郑氏出身名门望族，发誓不再另嫁，亲自教导他学习。因为家境贫寒，买不起纸笔，母亲就用荻草秆在沙地上写画，教他写字。欧阳修从小聪敏过人，书读过一遍就能背诵。

当时，宋朝已经兴盛六十多年，但文章体裁仍然是延续五代的习惯，文辞浮靡华丽、内容空虚。早在唐朝，大文学家韩愈就反对这种文风，提倡平实自由、易于表达思想的"古文"。

北宋初年也有学者提倡"古文"，但没有形成有力的运动。欧阳修十岁时，偶然得到韩愈的文集，废寝忘食地阅读，非常仰慕他的文才。

欧阳修二十四岁时考中进士，名列前茅。第二年，前往西京洛阳任职，与尹洙、梅尧臣结为好友，互相切磋诗歌文章。他们共同立志改变华丽空虚的文风，推行"古文"。恰好上司钱惟演喜爱青年才俊，厚待欧阳修等人，让他们有充足的时间琢磨古文创作。

几年后，欧阳修被调回朝廷任职。好友范仲淹呼吁宋仁宗严惩腐败，欧阳修看得更为深刻，指出冗官冗员才是根本。范仲淹被贬，他也受到牵连被贬。

1043年，范仲淹主持推行"庆历新政"，欧阳修被调回朝廷担任谏官，积极参与改革，提出整顿吏治、军事等建议。

不久后新政失败，改革主要人物相继被贬，欧阳修上疏分辩，说："杜衍、韩琦、范仲淹、富弼，天下人都知道他们有治理国家的才能，没有听说过他们有被罢免的罪行。自古小人谗害忠良，这说法离我们不远啊。"奸佞（nìng）之徒更加忌恨，捏造罪状，他被贬到滁州（今安徽省滁州市）。其间，欧阳修写下传世名篇《醉翁亭记》，古文艺术达到成熟的境界。

几年后，欧阳修因为政绩突出，又被调回京城担任翰

▲ 欧阳修创作《醉翁亭记》

林学士。1054年,欧阳修又遭诬陷被贬。上朝辞行时,宋仁宗感到后悔,亲口挽留他说:"你别走了,留下来修《唐书》吧。"欧阳修便与宋祁一起,修撰《新唐书》,另外,他还单独修了《新五代史》。《新唐书》和《新五代史》都属于"二十四史",对后世影响深远。

欧阳修一直提倡古文写作,主张诗歌革新,提倡平实的文风,鲜明地反对内容空虚的"西昆体"和语言晦涩的"太学体"。

1057年,欧阳修担任科举主考官,坚决实践自己的文学主张，看到写这种文体的考生，一律不予录用，而慧眼识珠录取了苏轼、苏辙、曾巩等人，在这些人的共同努力下，北宋文风发生了根本性的转变。欧阳修领导的古文运动，结束了自南北朝以来占据统治地位长达六百年的骈（pián）文，开创了文章写作的新时代。

苏轼考中进士之后，给欧阳修写了一封文采斐然的感谢信。欧阳修读着信，不知不觉浑身冒汗，觉得这个后生可畏，应该避让他三分。尽管如此，他还是不遗余力地提携苏轼，苏轼也不负期许，终成大器。

欧阳修写作文章十分认真，晚年常把年轻时写的文章拿出来打磨。他的夫人关心地规劝说："这么大年纪了，何必还费这份精神。又不是小孩子了，还怕先生骂你吗？"欧阳修说："不怕先生骂，但担心后生们笑话。"他的这种态度，终使自己成为一代文章宗师。"唐宋八大家"中，宋代占六人，除他之外的五人都出自他的门下。

宋仁宗晚年，欧阳修逐步得到重用，历任开封府知府、枢密副使、副宰相等高官。当时仁宗没有儿子，一直不册立太子。

欧阳修说："陛下治国已经三十六年，现在还没有立太子。过去汉文帝刚即位，就根据群臣的意见选立了太子，而他在位很久,被称为汉太宗。后唐明宗不喜欢别人谈论立太子的事,又不肯早点决定,以致变乱迭起,国家灭亡。陛下有什么疑虑,这么久不做出决定呢?"后来仁宗选立英宗为太子,就是受这番话的影响。

欧阳修以高风亮节自持,不断被污蔑,晚年多次想辞官回乡,皇帝都不同意。王安石变法开始后,欧阳修请求停止青苗法,被王安石诋毁,于是愈加迫切地请求回乡,宋神宗最后允许了。

1072年,欧阳修在家中逝世,享年六十六岁。他奠定的文风,一直延续到元、明、清各代。

## 经典原文与译文

【原文】修论事切直,人视之如仇,帝独奖其敢言,面赐五品服。顾侍臣曰:"如欧阳修者,何处得来?"——摘自《宋史·卷三百一十九》

【译文】欧阳修谈论政事恳切率直,有些人把他看作仇敌,唯独仁宗勉励他敢于直言,当面赐给他五品官服。回头对侍臣说:"像欧阳修这样的人,到哪

里去找啊?"

**醉翁之意不在酒**:意,意趣。醉翁的情趣不在喝酒,而在欣赏山中风景。比喻本意不在此处而在别处,或者指别有用心。

---

**画荻(dí)教子**:荻,荻草。用荻草秆在地上写字,教育儿子读书。用来称赞母亲教子有方。

---

**众口难调**:吃饭的人多,很难符合所有人的口味。比喻很难将众人的意见协调一致或很难让众人都满意。

# 蔡襄列传

蔡襄（1012—1067年），字君谟（mó），兴化军仙游县（今福建省仙游县）人，北宋名臣，书法家、文学家、茶学家。

## ● 宋朝书法第一人

蔡襄的母亲卢氏，是名士卢仁的女儿。蔡襄童年时受到外祖父的严格教育，十八岁去京师游学，入国子监深造。十九岁参加开封府乡试，获得第一名。第二年考中进士，历任各职。

1036年，范仲淹以《百官图》抨击宰相吕夷简，反被诬陷遭贬。大臣余靖、尹洙、欧阳修支持范仲淹，三个人都被贬，而身为谏官的高若讷一言不发。年仅二十五岁的蔡襄目睹忠臣贤士被贬谪，心中不平，写作《四贤一不肖》诗，称赞范仲淹、余靖、尹洙、欧阳修四人为贤人，痛责

## 宋史·蔡襄列传

高若讷为不肖之徒。诗写成后,京城百姓争相传抄,卖书者纷纷刊印出售,得到厚利,一时"洛阳纸贵"。甚至有契丹使者购买诗作刊本回去,张贴在馆舍里品赏。

1043年,蔡襄被宋仁宗任命为谏官。当时常发生旱灾、蝗灾及日食等异象,蔡襄上疏说:"灾害的出现,都是因为人事。近年来上天警戒多次出现,追溯导致这些事情的源头,就是因为君臣上下都有所不足。"并详细陈述皇帝和大臣的过失。这条奏疏一出,听到的人都很不安。

蔡襄先后两次在福州(今福建省福州市)任职。他看到当地百姓患病不就医,而是向巫师求拜,便撰写药方刊刻在石碑上,劝生病的人就医治疗,采取严格措施取缔巫师,巫蛊之风渐渐停息。又劝学兴善,改变陋俗,约束官吏,深得民心。

蔡襄还先后两次主政泉州(今福建省泉州市)。泉州有一条洛阳江,在入海口形成一个渡口,名为"万安渡"。每逢起风涨潮,波涛汹涌,很多渡船沉没,蔡襄下定决心修桥。在他的督促下,洛阳桥修建完成,成为我国古代"四大名桥"之一,享有"海内第一桥"的美誉。此后,蔡襄又发动百姓从福州到泉州的大路两旁栽植松树,全长约七百里,造福来往客商,留下很多善政。

蔡襄不仅政绩突出,更为知名的是书法。宋朝的书法,

▲ 蔡襄带领民众修建"洛阳桥"

首推"宋四家",也就是苏、黄、米、蔡。蔡襄虽然名列最后,但他年辈最长,上接唐人的尚法书风,下启宋人的尚意书风,因此成为宋代书法史上不可或缺的关键人物,开创了一个全新的书法时代。

蔡襄的书法以楷书见长,书写精益求精。韩琦在家乡修建"昼锦堂",欧阳修为之作记,请蔡襄书写刻碑。蔡襄把每个字都写上几十遍,从中挑出最好的字刻碑,时称"三绝",并叫这个碑为"百衲碑",是北宋极为罕见的楷书石刻作品。

蔡襄的书法极受推崇，欧阳修称："蔡襄的书法独步当世，只是他太过谦虚，不肯主持这些事。"苏轼也说："蔡襄的书法当为本朝第一。"蔡襄很看重自己的作品，不随便为他人书写，因此断章残稿都被人珍藏。宋仁宗也很喜欢他的书法，仁宗宠爱的贵妃张氏去世，需要撰写碑文，便召蔡襄书写。张贵妃死后被追赠为温成皇后，有违礼制，蔡襄便坚决辞谢，不肯书写，说："这是翰林官员的职责。"最终没有遵从皇帝的诏令。

蔡襄在茶学、农学上也有研究。福建一直生产贡茶，蔡襄在福建任职时，改进制茶工艺，提高贡茶质量，使得福建茶叶在当时名列第一。蔡襄又根据自己对茶的研究，撰写了两篇《茶录》，成为继唐朝陆羽的《茶经》之后最著名的一部茶学专著，为宋代艺术化的茶饮奠定了理论基础。福建盛产荔枝，蔡襄专门写下一卷《荔枝谱》，翔实记述荔枝的来源与产地、栽培技术、加工方法等，是世界上第一部介绍荔枝的专著。

宋仁宗晚年，蔡襄入朝担任高官，屡有建树。宋英宗即位后，蔡襄提出了一系列改革主张，英宗没有采纳。蔡襄自认为在朝廷难以容身，主动请求担任地方官。1067年，蔡襄逝世，享年五十六岁。

## 经典原文与译文

【原文】开宝浮图灾,下有旧瘗(yì)佛舍利,诏取以入,宫人多灼(zhuó)臂落发者。方议复营之,襄谏曰:"非理之福,不可徼幸。今生民困苦,四夷骄慢,陛下当修人事,奈何专信佛法?"——摘自《宋史·卷三百二十》

【译文】开宝佛塔发生火灾,塔下有过去埋下的佛舍利,皇帝下诏取佛舍利入宫,很多宫人烧炙手臂、剃去头发,表示自我忏悔。群臣正在议论重新营造佛塔,蔡襄进谏说:"不符合道理的福运,不可以侥幸希求。现在百姓困苦,外族骄横傲慢,陛下应修明人事,为什么专门信奉佛法呢?"

**独步当世**:独步,超出一般人。形容十分突出,在一个时期内无人能及。

# 王安石列传

> 王安石（1021—1086年），字介甫，号半山，抚州临川县（今江西省抚州市）人，北宋改革家、文学家，"唐宋八大家"之一。

## ● 最受争议的改革家

王安石出身于官宦之家，从小跟随做官的父亲走了很多地方，接触到各地百姓，体验了民间疾苦。耳濡目染，加上天资聪颖，年少的王安石渐渐立志移风易俗，安邦定国。

王安石十七岁时随父入京，凭借文采获得了文坛领袖欧阳修的赏识。二十二岁考中进士后，放弃了做京官的机会，先后在鄞（yín）县（今浙江省宁波市境内）、抚州（今江西省抚州市）等地担任地方官。

王安石在地方兴修水利、开办县学，初步实践关于青苗法和保甲法的一些前期设想，都获得成功。因为政绩显著，先后得到宰相文彦博、欧阳修的举荐，加上文采天成，名声日益鼎盛。

这时候，宋朝已经建立将近一百年，宋仁宗在位也将近四十年，长期和平，加上人口繁衍，执政者的懈怠，逐渐导致了严重的社会危机。

1058年，王安石进京述职，进呈万言书《上仁宗皇帝言事书》，指出国家积贫积弱，官员懒散、军队冗杂、财政紧张，契丹与西夏两个外敌环伺，社会正在走向腐败，主张立即实行全面变法，但仁宗没有采纳。

此后，宋仁宗、英宗期间，朝廷屡次以高官征召王安石入朝，但他多次拒绝。以至于满朝士大夫都认为他无意功名，纷纷以无缘结识而深感遗憾。

1067年，年仅二十岁的宋神宗即位。神宗早就对国家面临的危机深感不安，心怀改革志向，又久慕王安石的名声，很快就召王安石入朝，两人进行了深入探讨。王安石鼓励神宗下定决心，深入变法，彻底扭转积贫积弱的局面。神宗十分认同，王安石从此深受器重。

1069年，王安石担任副宰相，跻身执政大臣之列，变法正式拉开序幕。第二年，王安石担任宰相，开始在全国范围内推行新法，均输法、青苗法、保甲法、方田均税法、农田水利法等先后实施，涉及政治、经济、军事等各个方面。

与此同时，保守派激烈反对改革，朝议纷纷，王安石不为所动，喊出了"天变不足畏，祖宗不足法，人言不足恤"的口号，与反对派展开激烈论战。

宋神宗坚决支持王安石，先后罢退了一批反对变法的官员，这些人包括曾经推荐王安石的文彦博和欧阳修，以及王安石的好友司马光、苏轼等赫赫名臣；而后又听从王

▼ 王安石与守旧派论战新法

安石的举荐，起用了一批新人。

但改革反对声仍越来越大，当时京城开封府的百姓为逃避保甲，自断手腕，知府上报朝廷。王安石认为施行新政，士大夫尚且争议纷纷，百姓更容易受到蛊惑，不能因为这些个案就不敢有所作为。宋神宗则认为应听取百姓之言，两人对变法开始出现了分歧。

后来，多地发生旱灾，朝廷内外都指责王安石变法残害百姓，甚至连后宫的太皇太后、皇太后都向神宗哭诉。宋神宗对变法产生了怀疑，也为了向反对派表示妥协，便接受王安石辞去宰相职务的请求，但接任者依然是王安石推荐的，以便继续推行新法。

第二年，王安石再次拜相，但复相后也得不到更多支持，加上变法派内部分裂，王安石无奈地对神宗说："天下的事，就像烧开水，添一把柴，又泼一勺冷水，什么时候才能烧开呢？"多次托病请求离职，最终辞去宰相之职，再也没有回朝。

与此同时，王安石积极参与当时正在推行的诗文革新运动，在文、诗、词领域取得了杰出成就，跻身"唐宋八大家"之一。他的散文短小精悍、说理透彻，具备很强的说服力；他的诗歌风格多变，自成一家，世称"王荆公体"；他的词意境空阔，开拓了豪放派的先声。

1085年，宋神宗去世后，新法被全面废除。第二年，王安石病逝于江宁府（今江苏省南京市），享年六十六岁。

　　王安石变法增加了国家财政收入，在一定程度上实现了富国强兵的目的，但也存在扰民的后果。在漫长的封建社会，他一直被斥责为大奸臣，施行变法导致北宋灭亡；直到近代，他超前的改革措施才获得世人的一致肯定。

## 经典原文与译文

【原文】入对，帝问为治所先，对曰："择术为先。"帝曰："唐太宗何如？"曰："陛下当法尧、舜，何以太宗为哉？尧、舜之道，至简而不烦，至要而不迂，至易而不难。但末世学者不能通知，以为高不可及尔。"——摘自《宋史·卷三百二十七》

【译文】王安石入朝答对，神宗问他治理国家应当首先做什么，他回答："首先要选择革新方法。"神宗问道："唐太宗怎么样？"他说："陛下应当效法尧、舜，何必要效法唐太宗呢？尧、舜之道，极其简明而不繁杂，极其扼要而不迂阔，极其容易而不繁难。但是后世学者不能通晓，才以为高不可及。"

## 词语积累

**逋（bū）慢之罪**：逋慢，怠慢不敬。不遵守法令的罪过。

**出处进退**：指出仕或隐退。

**重手累足**：两手相重，两足相叠，不敢有所举动。形容十分恐惧的样子。

**不迩（ěr）声色**：迩，近；声色，音乐与美色。比喻不亲近歌舞女色等荒嬉娱乐之事。

**囚首丧面**：囚，囚犯；丧，居丧。像囚犯一样长期不梳头发，像居丧一样面容憔悴。形容不注意个人卫生，不修边幅。

# 沈括列传

> 沈括（1031—1095年），字存中，号梦溪丈人，杭州钱塘县（今浙江省杭州市）人。北宋著名科学家。

## 宋朝最伟大的科学家

沈括出身于官宦之家，自幼勤奋好学，兴趣广泛，十四岁就把家里的藏书读完了，跟随父亲宦游多地，极大地增长了见识。

沈括从小体弱多病，加上读书用功，经常要吃中药调理身体。恰好他的家族在医药学领域很有研究，有家传的药学书籍《博济方》，他也开始四处搜集药方，钻研医学。

二十四岁时，沈括通过父荫进入仕途，担任沭（shù）阳县（今江苏省沭阳县）主簿。沭阳县境内有沭水河流过，河道经常淤塞，引发洪灾。沈括到任后，亲自勘察沭水河，修筑渠堰，得到七千倾良田。

1063年，沈括考中进士。两年后，经大臣张刍（chú）举荐，调入京师编校昭文馆的书籍，参与详订浑天仪，在闲暇时积极研究天文历法之学。沈括借机阅读了大量皇家藏书，进一步提高了学识。

1071年，沈括为母亲守丧期满，回京述职，得到宋神宗的赏识。当时，皇帝每三年要祭祀天地，有关官员经常借机谋取私利。

沈括仔细研究历代祭天大礼的情况，撰写《南郊式》进献，皇帝任命他执掌郊祀事务。沈括根据新章程举行祭礼，节省了数以万计的费用，神宗十分满意。

不久，沈括主管司天监，负责观察天文，制定历法。当时，司天监的官员都庸庸碌碌，对天文基本不了解。沈括上任后，开始制作、改进浑天仪等仪器，召集懂天文的人重修历法，面向全国收集观测天象的书籍。沈括还在司天监遍查典籍，考证了各种历法著作，结合前人观测北极星的运动轨迹，连续三个月观测北极星，最终确定了北极星的位置。

1074年，沈括前往河北路任职，河北路与辽国接壤，属于边境地区。沈括攻读兵书，精心研究城防、阵法、兵车、兵器、战略战术等军事内容，编成了《修城法式条约》和《边州阵法》等军事著作。

此外，沈括还在巡查途中考察了太行山的化石沉积，根据太行山岩石中的生物化石和沉积物，分析出华北平原过去曾是海滨。

第二年，沈括回京，主管军器监，负责兵器铸造与储备。他对弓箭很有研究，改进民间献上的"神臂弓"，建议大量生产。还从实践中总结出一套保证弓箭制作质量的经验，对材质、制作技法等都有详细说明，解决了不少技术难题，提高了弓箭的质量和射程。到第二年，军器监上报朝廷时，兵器产量比以往提高了十几倍。

1080年，为了抵御西夏，十分了解沈括能力的宋神宗任命他为延州（今陕西省延安市）知州，全权主管本路军务。在此期间，沈括发现当地人常用一种褐色液体烧火做饭、点灯取暖，他对这种液体的产地、状态、特点、开采等进行了深入研究，命名为"石油"。

沈括还发现石油燃烧后可以制作质量更好的墨，于是首创了石油墨，称为"延州石液"，受到制墨行家苏轼等人的赞赏。此后，石油的推广使用更为广泛，并被改造成为宋代重要军事武器。

沈括晚年隐居在润州（今江苏省镇江市）的梦溪园，创作《梦溪笔谈》。《梦溪笔谈》共三十卷，分为十七目，

▲ 沈括写作《梦溪笔谈》

六百零九条，是记载我国自然科学、工艺技术、社会历史现象的综合性笔记体著作。其中介绍自然科学的内容超过三分之一，尤其详细记载了我国北宋时期在科学技术方面的卓越贡献和他自己的研究成果。比如沈括研究指南针，发现它并没有指向正北，而是存在一个偏角，这个发现比西方早了四百多年；他还将纸人放在琴弦上，拨动琴弦则纸人共振，这就是应弦共振，这个实验比西方早了五百年。

《梦溪笔谈》在国内外产生了深远的影响，英国科学史学家李约瑟评价它为"中国科学史上的坐标"。19世纪时，它就因记载了活字印刷术而闻名于世。20世纪，法、德、英、美、意等国的学者对它进行了系统深入的研究。

1095年，沈括因病去世，享年六十五岁。沈括一生在数学、物理学、化学、地理、天文、水利、医药、军事等多方面取得了成就，研究领域极为广阔，对后世影响深远。

## 经典原文与译文

**【原文】** 时赋近畿（jī）户出马备边，民以为病，括言："北地多马而人习骑战，犹中国之工强弩也。今舍我之长技，强所不能，何以取胜？"——摘自《宋史·卷三百三十一》

**【译文】** 当时朝廷要求京城附近地区的民户出马充作赋税以保卫边境，百姓把这当作祸害。沈括进言："北方地区马多而且当地人熟悉骑马作战，好比中国擅长强弩。如今舍弃我们擅长的技艺，勉强去做不擅长的事，怎么能够取得胜利？"

**昼警夕惕(tì)**：警，警戒；惕，小心谨慎。日夜都警惕小心。

**无所不能**：没有什么事情是做不到的。形容神通广大。

**神领意造**：领，领会；造，创造。用心神领会、创造出艺术形象。

# 种世衡列传

> 种（chóng）世衡（985—1045年），字仲平，河南府洛阳县（今河南省洛阳市）人，北宋名将。

## "种家军"的开山人

种世衡是北宋大儒种放的侄子，年少时就崇尚气节，兄弟中有人想分给他一些资产，他全部辞让给其他人，自己只留下图书。最初因叔父种放的恩荫入仕，后来不断升迁。

种世衡任职泾阳县（今陕西省泾阳县）知县时，一名小吏贪污败露，按法律要判刑，便逃走了。不久，朝廷即将举行郊祭，按惯例，郊祭之后要大赦天下，这名小吏便主动自首。

种世衡说："如果把他送到州府，肯定会被赦免。"于是杖责他，然后向知府请罪，知府奏请朝廷赦免了种世衡的罪。

1038年，西夏国主李元昊悍然称帝，夏宋开战，西部边境成为战场。当时，宋军与西夏作战，屡屡大败，处于被动地位。

在鄜（fū）州（今陕西省富县）任职的种世衡，仔细考察周围地形，发现延州（今陕西省延安市）东北处有一座唐朝的故城，战略位置很重要，于是奏请朝廷在故城的城垒上兴建新城，用来抵挡西夏大军。朝廷同意他的提议，命他负责筑城。

筑城期间，西夏人多次来偷袭，种世衡带着军民一边战斗一边筑城。因为城址位置险要，没有泉水，种世衡便下令就地挖井，人们凿地一百五十尺，仍然没看到水，只碰到了石头。一些石工查看后，认为无法再往下挖。

种世衡却下令：挖出一筐碎石就可以拿到一百钱。如此鼓励之下，人们最终凿穿了大石，得到泉水。城筑成后，宋仁宗非常高兴，赐名为青涧城。

不久，朝廷让种世衡主管清涧城。种世衡以此为基地，开垦出两千顷农田，又招募商人，给他们提供本钱，促使货物流通，青涧城繁荣起来，加强了与周围羌（qiāng）人的来往，经常获得很多军事情报。

有一次，李元昊的亲信野利旺荣、野利遇乞两兄弟派出手下三人拜见种世衡,请求降服,种世衡知道他们是诈降,说:"与其杀掉他们,不如利用他们来离间西夏君臣。"于是留下三人,很是宠信。

不久,种世衡派出心腹王嵩给野利旺荣送信,说朝廷已经知道他的投降心意,准备好了高官厚禄,希望他早日归附。野利旺荣得到信后非常恐惧,抓住王嵩献给李元昊。李元昊怀疑野利旺荣有反叛之心,不久后杀了野利旺荣、野利遇乞。这两兄弟有勇有谋,是宋朝边将的劲敌,却被种世衡的反间计所杀。

后来,种世衡升任环州(今甘肃省环县)知州,常与附近部族首领联系,施以恩惠,得到他们忠心效力。羌人牛家族首领奴讹(é),一向自负倔强,从不出来拜见朝廷官员,听说种世衡来到,急忙赶去郊外迎接。种世衡与奴讹约定,第二天去他的帐落拜访,慰劳部落的人。

当晚突降大雪,深达三尺,左右的人都劝种世衡别前去,种世衡说:"我正要和羌人结交,获得他们的信任,不能失约。"于是沿着险途前行。

奴讹认为种世衡不会来,在帐中睡觉。听到种世衡突然到达,赶紧起来,惊讶地说:"在此以前,从来没有宋朝官员来到我的部落,你是真的信任我们!"率领部众下拜,听命于种世衡。

▲ 种世衡雪天访问羌人部落

种世衡在环州,力劝城内官吏和百姓学习射箭。他规定,如果有人犯了错,射箭射中就赦免罪行;有人想要辞谢某事或请求某事,也以射箭准确与否而决定。因此人人都精于射箭,西夏人连续多年都不敢靠近环州。

1044年,宰相范仲淹命令种世衡与他人一起修筑细腰城(位于今甘肃省环县)。当时,种世衡卧病在床,听到命令后立即起来,率领部下日夜修建。第二年,细腰城修筑成功,种世衡积劳成疾去世。

种世衡虽死,但他的八个儿子都在军中,大儿子种诂、二儿子种诊、五儿子种谔担任过大将，人称"三种"，尤以种谔最为知名。

经过父子两代人的努力，"种家军"逐渐打响了名号，让西夏人闻风丧胆。后来，种世衡的孙辈率领种家军浴血奋战，其中以种师中、种师道最为知名。

## 经典原文与译文

**【原文】**世衡在边数年，积谷通货，所至不烦县官益兵增馈。善抚养士卒，病者遣一子专视其食饮汤剂，以故得人死力。及卒，羌酋朝夕临者数日，青涧及环人皆画象祠之。——摘自《宋史·卷三百三十五》

**【译文】**种世衡在边境任职多年，储备粮食、流通商货，到任之地不劳烦地方长官增兵增饷。善于抚养士卒，有兵卒生病，他派遣一个儿子专门负责病人的食饮汤药，因此得到大家以死效力。等到种世衡去世，羌人酋长连续好几天早晚临哭，青涧城以及环州的百姓都画像祭祀他。

**一诺千金**：诺，诺言。许下的一个诺言价值千金。形容很讲信用，说话算数。

---

**挑拨离间**：挑拨，播弄是非；离间，造成分离。挑起是非争端，使别人不团结。今指在别人背后造谣，污蔑他人。

---

**饶有兴味**：饶，富裕；兴味，趣味。形容对事物或景物极有兴趣。

# 司马光列传

> 司马光（1019—1086年），字君实，号迂叟，陕州夏县（今山西省夏县）人，世称涑（sù）水先生。北宋政治家、史学家。

## 史学巨匠

司马光出生在光州光山县（今河南省光山县），当时，他父亲正在这里担任县令，所以给他取名"光"。

司马光勤奋好学，聪颖过人，从小就是一副小大人的模样。七岁时就能理解并背诵《左氏春秋》，是远近闻名的小神童。

有一次，司马光跟小伙伴们在县衙后院玩耍，有个小孩爬到一口大水缸边沿上玩，不小心掉到了缸里。缸大水深，眼看那孩子快要被淹死，别的孩子吓得边哭边喊，跑到外面向大人求救。司马光急中生智，从地上搬起一块大石头，使劲向水缸砸去，水缸砸破，小孩得救。这就是流传至今的故事——"司马光砸缸"。

司马光十多岁时，他父亲辗转千里，前往四川任官，也一直把他带在身边，亲自教育。所以司马光自小走过许多地方，四处访古探奇，领略风土人情，极大地丰富了社会知识。

司马光二十岁一举高中进士，正准备一展远大抱负时，母亲、父亲相继去世，司马光悲痛万分，连续服丧六年。居丧期间，他化悲伤为动力，读了大量的书，写了不少文章，对一些古人古事提出了独到见解。服丧结束后，司马光先后在地方、中央任职，时间长达二十多年。

宋神宗即位后，决心改变积贫积弱的局面，重用王安石，开始改革。司马光和王安石原本是好友，但因为政见不同，在治国理财等问题上进行了激烈争辩。

王安石提出："国家财政不足是因为不善于理财。"司马光质疑道："你所谓的善于理财，无非是通过加税搜刮百姓罢了。"王安石说："善于理财的人，不增加赋税，也能使国家财政富饶。"司马光反驳说："天下哪里有这样的道理，天地出产的财富万物不在民就在官，如果设法夺取百姓的利益，其中的危害比加税还可怕。"

司马光没有被王安石说服，仍然反对新法，于是主动提出辞职，退居洛阳。

宋神宗病逝后，宋哲宗即位，高太后当政。高太后一向反对新法，将司马光等反对新法的大臣悉数召回，任命司马光为宰相。

司马光把新法比作毒药，主张全部废除。当时苏轼等人劝他保留新法的合理部分，司马光执意不听。苏轼气得连声高呼："司马牛！司马牛！"指责司马光脾气倔强，有如犟牛。

早在1066年，司马光曾向宋英宗进献八卷《通志》，讲述春秋战国的历史，英宗看后大加赞赏，命令他组织人手，继续编修。

王安石变法期间，司马光退居洛阳，绝口不论政事，专心编撰此书，直到1084年，这部史书才全部修完。司马光将史书献给宋神宗，神宗十分重视，认为可以从中吸取历史教训来帮助治理国家，赐书名《资治通鉴》，并亲自写序。

《资治通鉴》是我国最大的一部编年体史书，历时十九年编成，全书共二百九十四卷，约三百万字，记载上起战国，下迄五代，共一千三百六十二年的历史。

《资治通鉴》虽然由多人执笔，但由司马光一人精

▲ 司马光编写《资治通鉴》

心定稿,统一修辞,不仅极具史料价值,而且文字优美,文学价值也很高。内容方面,以政治史为主,旁涉思想、文化、科技、经济、军事等领域。《资治通鉴》自成书以来,历代帝王将相、文人骚客争读不止,点评批注的人更是不胜枚举。司马光的《资治通鉴》与司马迁的《史记》并列为我国史学的不朽巨著,被称为"史学两司马"。

1086年,司马光因病逝世,享年六十八岁。他的灵柩被送往家乡夏县时,京城百姓罢市前往凭吊,有的人甚至卖掉衣物参加祭奠,街巷中的哭泣声比车水马龙的声音还要大。京城及全国各地都画他的像来祭祀，吃饭前一定要先祭祀他。

司马光一生诚实，刚正不阿，才华出众，一直被视为士大夫的典范，享有极高的声望。他当宰相后，全面彻底地废除新法，打击变法派官员也不遗余力，已然埋下了巨大的隐患。等到宋哲宗亲政，厌恶守旧官员对自己的轻视，全盘恢复了宋神宗新法，进一步加剧了统治阶级内部的分裂。

## 经典原文与译文

【原文】有司奏日当食，故事食不满分，或京师不见，皆表贺。光言："四方见，京师不见，此人君为阴邪所蔽。天下皆知而朝廷独不知，其为灾当益甚，不当贺。"从之。——摘自《宋史·卷三百三十六》

【译文】有关官员奏报会发生日食，按照惯例，日食不是全食，或者京师看不见日食，群臣都要上表称贺。司马光说："各地能见到日食，京师却看不见，这是象征皇帝被阴险邪恶所遮蔽。天下人都知道日食而唯独朝廷不知道，它造成的灾害会更加严重，不应当庆贺。"皇帝采纳了他的意见。

**恶衣菲食：** 破旧的衣服，粗劣的饮食。形容生活俭朴。

**变危为安：** 将危局转化为平安。

**目食耳视：** 用眼睛吃，用耳朵看。比喻颠倒错乱。

**鼎铛（chēng）有耳：** 鼎、铛，均为两耳三足的金属炊具。比喻某人或某事影响很大，凡是有耳朵的都听说过。

**焦心劳思：** 忧虑愁思。形容人非常操心、担忧。

宋史·苏轼列传

# 苏轼列传

> 苏轼（1037—1101年），字子瞻，号东坡居士，世称苏东坡，眉州眉山县（今四川省眉山市）人，我国历史上著名文学家、书法家、画家、美食家。

## 千古第一文豪

苏轼出生后，父亲苏洵在外游学，母亲教他读书。苏轼每次听到古今成败之处，总能说出其中的关键。母亲教他读《后汉书·范滂（pāng）传》，因激愤而叹息，苏轼问母亲："如果我成为范滂，母亲是否会赞同呢？"母亲说："你能成为范滂，难道我不能成为范滂的母亲吗？"

苏轼十二岁时祖父去世，苏洵回家守孝，开始亲自教育苏轼、苏辙两兄弟。苏轼长大后，博通经史，一天能写出几千字的文章。他读《庄子》，感叹地说："以前我有见解，总说不出来，今天读到这本书，正合我的心意。"

苏轼二十一岁到京城参加科考。主考官是大文学家欧阳修，他正想矫正文风的弊端，读了苏轼的文章后大为赞叹，本来想列为第一名，又怀疑是自己弟子的文章，为了避嫌，列为第二名。后来，苏轼去拜见欧阳修，欧阳修跟朋友说："我要回避这个年轻人，让他高出我一头！"

因为欧阳修的大力称扬，苏轼名动京师。但随即遭遇母亲、父亲先后去世服丧，其间做过几年小官。等到十年后再回到朝廷，已然风云变幻。

这时，宋神宗任用王安石变法，苏轼的很多师友因为政见不和，已经离京。苏轼也觉得新法有不合理之处，每每提出反对意见。有一回，宋神宗召见苏轼问话："现在的政令有哪些得失，你不妨直接指出来。"苏轼说："陛下文才武略，不担心不明察，不担心不勤奋，不担心不果断，只担心求治之心太急迫，听信他人的话太快，提拔人才太迅速。希望陛下能静心应对。"神宗吃惊地说："你说的这些，朕要周密考虑。"王安石知道后，很不高兴。

不久，苏轼上书大谈变法的弊端，王安石十分恼怒，找人弹劾苏轼。苏轼请求出朝担任地方官，先后在杭州（今浙江省杭州市）、密州（今山东省诸城市）、徐州（今江苏省徐州市）、湖州（今浙江省湖州市）等地任职，将近十年。他在徐州期间，正遇到黄河决口，洪水汇聚城下，城墙眼看要被冲毁。城中富民相继出逃，苏轼说："富民出城，全城的百姓都会动摇，谁还能和我守城？我在这里，决不能让洪水冲毁城墙。"随后搬到城墙上居住，鼓励士兵们救城，众人受到鼓舞，纷纷拿出铁锹修筑长堤，最终保住了徐州城。

苏轼调任湖州知州后，按惯例写奏表谢恩，因为文字带着个人感情，被政敌利用，诬陷他毁谤朝廷，对皇帝不忠。苏轼被押送京师，几十人受到牵连，不少大臣主张杀掉苏轼。这就是著名的"乌台诗案"。

宋神宗怜惜苏轼的才华，王安石当时已经退休，也上书求情，苏轼被贬到黄州当一个小官。"乌台诗案"成为苏轼人生的重要转折，他一度心灰意冷，多次到黄州城外的赤壁山游览，写下了《赤壁赋》《后赤壁赋》《念奴娇·赤壁怀古》等名篇以寄托情志。又在城东开垦一块坡地，种地补贴家用，从此自号"东坡居士"。

1085年，宋神宗去世，年幼的宋哲宗继位，高太后主政，重用旧党首领司马光。苏轼因为曾经反对新法，获得重用，很快成为高级官员。有一次，苏轼奉召入殿，高太后问他之前任什么职，苏轼说："常州的一个小官。"高太后又问现在任什么职，苏轼说："翰林学士。"高太后说："为什么你提升得这么快？这是先帝的意思。先帝每次读你的文章，都感叹你是奇才，只是没来得及重用你。"

129

▲ 苏轼游览赤壁山

苏轼感念神宗之恩，失声痛哭。

　　司马光执政后，将新法全部废除，更加用力地打击新党官员。苏轼极力劝谏，认为新法有值得借鉴之处，不能一概推翻，因此不被旧党所容。苏轼再次请求出朝担任地方官，得任杭州知州。他到任后，正赶上大旱，饥饿与疫病同发，苏轼带着医生为百姓治病，救了很多人。又疏浚水渠通航，修筑闸门控制西湖的水流，还修复了唐朝遗留的六井，把挖出的淤泥堆在西湖中，修成一条三十里的长堤，两旁种植杨柳和芙蓉，这就是"苏公堤"。

几年后,高太后去世,宋哲宗亲政,开始重用新党,六十一岁的苏轼又被贬至儋(dān)州(今海南省儋州市)。海南岛属于蛮荒之地,被贬到这里,属于极其严厉的惩罚。苏轼将儋州当作第二故乡,在当地兴办学校,推行教化,不久之后就有人考中进士。苏轼因此被视为儋州文化的开拓者。

等到宋徽宗继位,苏轼调任内地,在北归途中去世,终年六十五岁。

苏轼在诗、词、文、书法、绘画等方面都取得了极高的成就,堪称宋朝文学最高成就的代表。他的诗风格独特,无论题材还是思想都有很大提升,他将丰富的人生经历通过诗歌表达出深刻的哲理,开创了北宋诗坛的高峰。

词作方面,苏轼主张"诗词一体",对词体进行了全面改革,将词从附属地位提高到独立地位,从根本上改变了词史的发展方向,将北宋词的发展推向顶峰,他的豪放词,对后世影响巨大。

散文方面,苏轼作为继欧阳修之后的大师,是古文运动的核心人物。他主张文道并重,高举韩愈、柳宗元的旗帜,善于创作议论文、游记、杂说、书札以及骈文等,代表了宋朝散文的最高成就。

书法方面,苏轼遍学历代名家,融会贯通后自成一体,跻身"宋四家"之列。代表作有《赤壁赋》《黄州寒食诗》

《祭黄几道文》等帖。

绘画方面,苏轼全面阐明了"文人画"理论,注重"神似",主张画外有情,擅长画墨竹,代表作有《枯木怪石图》《潇湘竹石图》等。

苏轼最为后人所景仰的,则是他进退自如、荣辱不惊的人生态度,以及富有启迪意义的审美态度。苏轼一生,才气纵横却屡遭贬谪,浮沉官场四十多年,既在朝堂身居过高位,也被贬至蛮荒之地担任过小官,但无论官居何职,他始终坚持操守,心态淡然,既没有放浪形骸、自暴自弃,也不曾退隐山林、不问世事,这种人生境界,成为后世文人追求的典范。

由于苏轼具备豁达的心境、宽广的胸怀,因而能够以一种包容的眼光看待世界。在他眼里,事事皆美好,无物不可观,并将这种美好诉诸笔端,为后人开辟了审美新世界。苏轼因此受到了后世一致的推崇,被认为是"人艺和谐统一的典范"。

## 经典原文与译文

【原文】轼又陈于政事堂,光忿然。轼曰:"昔韩魏

宋史·苏轼列传

公刺陕西义勇,公为谏官,争之甚力,韩公不乐,公亦不顾。轼昔闻公道其详,岂今日作相,不许轼尽言耶?"光笑之。——摘自《宋史·卷三百三十八》

【译文】苏轼又在政事堂陈述自己的观点,司马光很生气。苏轼说:"当年宰相韩琦韩魏公在陕西路设置义勇军,你当时是谏官,争执这件事很尽力,即使韩公不高兴,你也毫不顾及。我以前听你详细说过这事,难道今天你做了宰相,不许我把话说完吗?"司马光听后笑了起来。

**胸有成竹**:画竹子的时候,心里已经有了竹子的形象。比喻在做事之前已经拿定主意。

**夜雨对床**:下雨的夜里,亲友或兄弟对床而卧,亲切地交谈。

**雪泥鸿爪**：雪泥，带雪的泥土；鸿，大雁。大雁落在雪泥上留下的爪印。比喻往事留下的痕迹。

**河东狮吼**：河东，河东郡望族柳氏，借指妻子。妻子像狮子一样吼叫。比喻凶悍的妇女发怒，借以嘲笑害怕妻子的人。

**出人头地**：头地，高出别人的地位。指高人一等，超出一般人。形容成就很突出，比别人优秀。

**取之不尽，用之不竭**：竭，尽。拿不完，用不尽。形容非常多且丰富。

**明日黄花**：明日，农历九月初十日；黄花，菊花。古人有在九月初九重阳节赏菊的习俗，节后赏菊自然没有兴味。比喻已经过时或者没有意义的事物。

宋史·李纲列传

# 李纲列传

> 李纲（1083—1140年），字伯纪，号梁溪先生，常州无锡县（今江苏省无锡市）人，两宋之际抗金名臣。

## ● 心系天下的抗金名臣

李纲的父亲通晓军事，曾经抵御西夏，官居要职。李纲受父亲影响，年少便怀有壮志。

李纲三十岁考中进士，三年后担任言官，因为议论朝政得罪了权贵被贬。当时宋徽宗在位，贪图享受，朝政很混乱。

有一年，京城发大水，李纲趁机上书说这是因为阴气太重，应该注意防止百姓造反、外国边患，徽宗不喜欢他的言论，于是再次被贬。

1125年，李纲被召回朝任职。当年冬天，金军背弃盟约，举兵侵宋。宋徽宗诏令各地起兵抵抗，并任命皇太子担任开封府（今河南省开封市）府尹，让大臣们想退敌之策。

李纲献策说："命皇太子为开封府长官，难道不是想要委以重任吗？大敌当前，如果不传位给太子，恐怕天下豪杰不能跟从。"

宋徽宗把李纲召入朝中，李纲写了一封血书说："皇太子监国，是通常的典礼。现在大敌入侵，危在旦夕，还在乎什么礼仪规矩吗？名不正则言不顺，太子没有大权如何号令天下？如果传位于太子，将士们必定同心誓死抵抗，天下才保得住！"徽宗觉得有理，便禅位于太子。

太子继位，是为宋钦宗。李纲又上书说："当今朝廷衰弱，法度混乱，陛下应该上应天心，下遂民意，扫除外敌，清除内奸，才能重振朝纲。"钦宗任命李纲为尚书右丞。

当时，以宰相为首的众臣都主张迁都避敌，李纲坚决反对，说："太上皇把天下交给陛下，怎么能抛弃呢？全天下的城池，有能跟都城相比的吗？宗庙社稷，百官臣民都在这里，放弃这里，又能去哪里呢？"宋钦宗说："谁可以保卫京城？"李纲说："如果陛下不嫌臣无能，臣愿意领兵死守。"钦宗便任命李纲担任副宰相，负责京城防御。

过了几天,宋钦宗再次动摇,又准备逃跑。李纲大哭跪拜,以死相求,钦宗才勉强答应留下来。

李纲准备守城工具,招募勇士,亲自督战,发动突袭,杀死十余位金军酋长、士兵数千人。金军听说宋钦宗即位,又见城内已有防备,马上改变强攻策略,提出议和。

宋钦宗在主和派大臣的裹挟下,不顾李纲劝阻,派人去金营谈判。金人索要金币千万两,割让土地,还要求亲

▼ 李纲力主抗金

王和宰相做人质。李纲说:"金人想要的金币,穷尽全国之力也无法满足,何况一个都城呢?土地是国家的屏障,怎么能随便割让?"钦宗依然不管不顾地全部答应了金人的要求。

此时,各地的勤王军队陆续赶到,在李纲的指挥下,将士们作战勇猛,士气高涨。金军见宋朝答应了割地条件,便撤退了。

金军撤退后,朝廷上下都松了一口气。主和派立即开始排斥李纲,提议让李纲担任河东路宣抚使,将他调出京城。宣抚使是武职,李纲是文臣,不懂军事,请求辞职。

有人对他说:"知道为什么要派你出任宣抚使吗?并不是为了边防之事,是想借机赶走你。你坚持不去,只会让谣言更猖獗。"李纲急忙受命。

当时,宣抚司能指挥的军队仅一万余人,朝廷还下令裁减人数,又事事直接干预,李纲据理力争,认为敌人的威胁并没有解除,朝廷没有采纳。李纲被迫辞职。

几个月后,金军果然再次来犯,宋钦宗急忙召李纲回朝,李纲在长沙(今湖南省长沙市)接到诏令,马上率领湖南路的军队前去援救,还没有到达,京城已经沦陷,北宋就此灭亡。

康王赵构称帝,是为宋高宗。高宗鉴于李纲在东京保卫战中的出色表现和崇高威望,任命他为宰相。

李纲竭尽全力重整朝纲,积极部署抗金,反对投降,彻底得罪了投降派,加上当时抗金形势不乐观,李纲仅担任了七十五天宰相,就被罢免。

此后,李纲一直担任地方官,屡遭贬谪。其间,金军多次进犯,李纲不停地提出御敌策略,抗金之志始终如一。1140年,李纲突然患病去世,终年五十八岁。

李纲在国家危亡的关头挺身而出,不计个人得失,接受抗击金军、保卫京城的重任,心系朝廷和百姓的安危,不愧为一代名臣。

## 经典原文与译文

【原文】宰执犹守避敌之议。有旨以纲为东京留守,纲为上力陈所以不可去之意。……上意颇悟。会内侍奏中宫已行,上色变,仓卒降御榻曰:"朕不能留矣。"纲泣拜,以死邀之。——摘自《宋史·卷三百五十八》

【译文】宰相、执政大臣依然坚持迁都避敌的主张。

宋钦宗下旨任命李纲担任东京开封府留守,李纲极力向皇上陈述不能离京的意思。……皇上内心稍微醒悟。恰逢内侍来奏报皇后已经启程,皇上听后脸色大变,慌忙离开座位,说:"朕不能停留了。"李纲哭着跪拜,以死相劝,请求钦宗留下。

**词语积累**

**鲜廉寡耻**:鲜、寡,少。没有廉洁的操守,不知羞耻。

**金戈铁马**:金戈,金属制作的戈;铁马,配有铁甲的战马。比喻战争。形容将士持枪驰马的英姿。

**拨乱反正**:消除混乱局面,恢复正常秩序。

**众毁销骨**:众人的毁谤,能够销熔人的骨头。比喻谗言多了能混淆是非。

宋史·宗泽列传

# 宗泽列传

> 宗泽（1060—1128年），字汝霖，婺（wù）州义乌县（今浙江省义乌市）人，两宋之交杰出的政治家、军事家。

## ● 保卫开封，力抗金兵

宗泽出身贫寒，聪颖好学，性格豪爽，有大志向。少年时在外游学，增长了见识，目睹了朝廷腐败和社会混乱，萌生了报国之心。于是研读兵书，苦练武艺，逐渐成长为文武兼备、理想远大的青年。

宗泽三十二岁参加科考，极力指陈时弊，主考官认为他的言论太直白，虽然录取了他，但名列末位。后来，宗泽到馆陶县（今河北省邯郸市馆陶县）担任县尉，不满一个月，就把陈积多年的案件处理得清清楚楚，大家都很敬佩他。

有一年，知府命宗泽巡视黄河子堤修建工程，正好宗泽的长子去世,他强忍悲痛,完成了任务。知府知道后,称赞说:"你可以称得上是为国忘家了!"此后二十多年,宗泽在多地任职,把地方治理得很好,政绩卓著。

1115年,宗泽担任登州(今山东省蓬莱市)通判,听到朝廷正在与女真人接触,相约夹击辽国,说:"天下从此要大乱了!"回到家乡隐居。

1126年年初,因为有人举荐,宋钦宗任命宗泽为和议使,去金营议和。宗泽说:"此去我不打算回来了。"有人询问原因,他说:"除非敌人能够悔过,否则我不会屈服。"有人觉得他这种态度会影响议和,钦宗就让宗泽担任磁州(今河北省邯郸市磁县)知州。

磁州当时已经是前线,其他人接到任命,都借故不去,宗泽说:"拿了朝廷的俸禄,就不能逃避困难!"当天带着十几名老弱兵卒出发了。宗泽到任后,立即修缮城墙,储备粮草,招募义勇军,做长期固守的准备。又上书宋钦宗说:"磁州地处要冲,与周边四州相互策应,如果每州屯兵两万,总兵力便能达到十万。"钦宗便任命他为河北路义兵总管。

当年十月,金军进攻磁州,宗泽亲自登城指挥,击退金军,斩首数百,缴获很多战利品。这是宋军第一次打败金军,极大地鼓舞了河北地区的抗金斗争。不久,康王赵构奉命出使金营,路过磁州,宗泽说:"这是金军的诡计,

请大王不要前往。"于是康王返回相州。

十一月,金军包围开封府。宋钦宗命宗泽为副元帅,进京救驾。宗泽随即领兵出发,一路杀敌无数,直奔京城。这时,有消息说议和能成功,宗泽说:"金人狡诈,不过是想欺骗我们。皇上正在等待救援,我们应该赶快出发,即便敌人有其他阴谋,我们已经兵临城下了。"

投降派见劝不住宗泽,只好由他继续进发。宗泽一路与金军交战十三次,全部获胜。他给其他将领写信,相约会师京城,这些人不予理睬,宗泽只能孤军奋战。宗泽率兵到达卫南县(今河南省安阳市滑县),被金军围困,进退无路,下令说:"进退都是死,只能死中求生!"士兵们无不以一当百,金军大败,后退了几十里。宗泽见金军人数多出十倍,下令连夜转移,等到金军察觉,只剩下一座空营。金军非常惊恐,从此十分惧怕他。

康王在南京应天府(今河南省商丘市)继位,是为宋高宗。宗泽入朝觐见,涕泪纵横,提出复国大计。当时,金军提出割地的要求,宗泽说:"自从金人第二次入侵,朝廷没有做任何抵抗,只听奸臣说要议和,最终蒙受两位皇帝被俘的羞辱。臣虽然不才,愿意为国捐躯。"经主战大臣李纲提议,宗泽被任命为开封府知府,时年六十八岁。

当时,金军就在黄河边驻扎,随时准备攻打开封;

整个北方陷入混乱，盗贼横行。有一个大盗叫王善，拥有七十万部众，对京城虎视眈眈。宗泽单人单骑去见王善，流着泪说："国家有难，如果有一两个像你这样的人，怎么会被外敌欺负呢？"王善很感动，马上请求归降。其他盗贼听说后，也纷纷前来听命，百姓的生活安定下来。

宗泽便以开封为基地，积极备战，联络陕西路、京东路、京西路、河东路、河北路的义军，一时之间声势大振。不久，金军抵达京城附近，人们都很惊恐。宗泽笑着说："慌什么？我们的将士完全能够抵挡得住。"派出几千精兵绕到敌后埋伏，待敌人撤退时两面夹击，金军果然大败。此后，宗泽率领众将多次击败金军，打得金军不敢再来。

宗泽见开封附近的局势稳定，先后二十多次上书劝宋高宗回来主持大计，讨伐敌人。奏书全部被投降派阻隔，宗泽忧愤成疾，于1128年病逝。

宗泽坐镇开封，阻止金军大举进犯，为留住南宋的半壁江山做出了重大贡献。他慧眼识人，大力提拔培养的岳飞，终成一代名将。

## 经典原文与译文

【原文】诸将入问疾，泽矍（jué）然曰："吾以二

帝蒙尘,积愤至此。汝等能歼敌,则我死无恨。"众皆流涕曰:"敢不尽力!"诸将出,泽叹曰:"'出师未捷身先死,长使英雄泪满襟。'"翌日,风雨昼晦。泽无一语及家事,但连呼"过河"者三而薨。——摘自《宋史·卷三百六十》

【译文】众将前来探视疾病,宗泽矍然说:"我因为两位皇帝被俘虏,郁积悲愤以至于此。你们这些人能够歼敌,那么我死而无恨了。"众人都流泪说:"怎敢不尽力!"众将出来,宗泽叹息说:"'出师未捷身先死,长使英雄泪满襟。'"第二天,白天风雨如晦。宗泽没有一句话提及家事,只是连声呼喊"过黄河",就去世了。

**词语积累**

**威望素着**:素,一向;着,明显。向来很有威望。

**儿女子语**:女人和孩子的话。比喻不识大体的言论。

# 韩世忠列传

> 韩世忠（1090—1151年），字良臣，号清凉居士，延安府绥德县（今陕西省榆林市绥德县）人，南宋名将。

## 南宋中兴名将

韩世忠出身农民，家境贫寒，自幼习武，勇猛过人，喜欢饮酒，崇尚义气，不拘小节。

少年时，有个算命的人说韩世忠将来会位至三公，他认为这是在侮辱自己，把对方痛打一顿。十六岁应招参军抵抗西夏，挽弓、射箭、骑马无一不在行，勇冠三军。

有一年，宋军进攻银州（今陕西省榆林市米脂县一带），久攻不下。韩世忠奉命前往，杀死敌将，将首级扔出城外，宋军士气大振，一举攻克银州。西夏人大败之后从小路来攻，韩世忠率军殊死搏斗，见敌军中有一人十分勇猛，便把战俘叫来询问，得知那人是监军驸马。韩世忠跃马上前，斩首此人,敌军瞬间溃败。部队上报他的战功,主管官员童贯认为有所夸大,只给韩世忠升了一级,将士们都替他感到不平。

此后,韩世忠跟随刘延庆、种(chóng)师道、王渊等将领,多次抗击西夏、辽国,平定方腊起义,立下战功,官职逐步提升。

1126年,金军侵宋,韩世忠先后跟随梁方平、王渊、李纲等将领抵抗金军,立下不少战功,逐渐威名显著。

第二年,北宋灭亡。康王赵构到达济州(今山东省菏泽市巨野县),韩世忠听说消息,马上率部赶到,与群臣一起拥戴他称帝。赵构在南京(今河南省商丘市)即位,是为宋高宗。韩世忠成为从龙之臣,获得高宗的信任,无事时统领禁卫军负责宿卫,不时出去平定盗贼。

1129年,宋高宗为了躲避金军,一路南逃到钱塘(今浙江省杭州市)。韩世忠听说后,急忙赶去会合。还没有到达,收到将领苗傅、刘正彦造反,逼迫高宗让位的消息。韩世忠到达钱塘附近,谎称休兵,停止进军,实则准备攻城,迅速击败叛军,救出了高宗。自此,韩世忠确立了自己在军中的地位和威望。

当年年底,金军元帅完颜宗弼(bì)率领十万大军南侵,宋高宗又准备逃跑,韩世忠说:"已经丢了北方各地,再把江、淮地区（江苏省、安徽省、江西省、浙江省大部）丢掉，还能逃到哪里去呢？"高宗命令韩世忠防守镇江（今江苏省镇江市）。

金军来势汹汹，攻破多个城池，一路南下追击宋高宗。韩世忠身处敌后，积极准备，趁金军撤退时伏击。不久，金军果然撤退到镇江，被韩世忠的伏兵打败，完颜宗弼差点被生擒。后来，双方约战，韩世忠利用金军不习水战的弱点，封锁长江，把金军堵在断港黄天荡，几次大败金军。

完颜宗弼不敢再战，派人前来讲和，开出了极其优厚的条件。韩世忠一心想全歼金军，没有听从。完颜宗弼无奈，高价悬赏求计，得到汉奸的指点，集中火箭烧毁了宋军战船，才借机冲出黄天荡，逃回黄河以北地区。此战中，韩世忠仅用八千兵马，将金军十万军队围困在黄天荡长达四十八天，消息传开，人心大受鼓舞。

1134年，金军联合伪齐政权，率军十万，再次来犯。宋高宗内心害怕，又逃无可逃，一方面派人去金营求和，一方面亲自给韩世忠写信，勉励他英勇战斗。韩世忠感动地说："皇上如此忧虑，做臣子的怎敢贪生怕死！"

议和大臣路过韩世忠的军营，韩世忠故意下令退守避敌，待议和大臣走后，他亲自指挥大军驻扎在大仪镇（今江苏省扬州市境内），布下兵阵，设置二十多处埋伏。金

▼ 韩世忠在黄天荡大败金军

军从议和大臣那里得知韩世忠打算退兵，于是长驱直入，经过大仪镇，伏兵突然杀出，金军猝不及防，伤亡惨重。捷报传到朝廷，群臣庆贺，高宗对韩世忠等人大加封赏。

几年之内，韩世忠、岳飞等主战派大臣在战场上连连获胜，大有收复中原，直捣黄龙的气象。宋高宗担心一旦打败金军，迎回他的兄长宋钦宗，将威胁到自己的地位；也担心众将立功，将来尾大不掉。于是任命主和派大臣秦桧为宰相，积极准备和谈。为了表示和谈的诚意，收了韩世忠等将领的兵权。

韩世忠强烈反对议和，多次触怒秦桧，有人劝阻他，韩世忠全然不顾。秦桧指使人弹劾韩世忠，宋高宗念韩世忠的救驾之恩，不予答复。

韩世忠见岳飞被冤杀，抗金的大好局面无法挽回，便上书辞去官职，回家养老，把积蓄的钱财全都献给朝廷。1151年，韩世忠病故，终年六十二岁。

## 经典原文与译文

【原文】世忠尝戒家人曰："吾名世忠，汝曹毋讳'忠'字，讳而不言，是忘忠也。"……岳飞冤狱，举朝无敢出一语，世忠独撄(yīng)桧怒,语在《桧传》。又抵排和议,触桧尤多,或劝止之,世忠曰:"今畏祸苟同,他日瞑目,岂可受铁杖于太祖殿下?"——摘自《宋史·卷三百六十四》

【译文】韩世忠曾经告诫家人说:"我的名字叫世忠,你们不要避讳'忠'字,因为避讳而不说,就是忘忠了。"……大将岳飞蒙冤入狱,满朝上下没有一个人敢说话,只有韩世忠触怒秦桧,内容记载在《秦桧传》。他又抵制和议,多次惹恼秦桧,有人劝阻他,韩世忠说:"现在害怕祸患,苟且赞同,他日死后,难道不怕在宋太祖的殿前接受铁杖?"

### 词语积累

**束戈卷(juǎn)甲**:捆起兵器盔甲。指缴械投降。

**杜门谢客**:杜门,闭门;谢,谢绝。关闭大门,谢绝来客。形容从不与外界往来。

# 岳飞列传

> 岳飞（1103—1142年），字鹏举，相州汤阴县（今河南省安阳市汤阴县）人。南宋抗金名将、军事家、战略家、诗人。

## 一生忠勇，千古奇冤

岳飞出身于农民家庭，相传他出生时，有一只大鸟从屋顶飞过，因此取名飞，字鹏举。还没满月时，黄河决堤，母亲抱着他坐在瓮中随波逐流，被洪水冲上了岸，幸免于难，众人都感到惊奇。

岳飞性格深沉，不爱说话，喜欢读《左传》《孙吴兵法》等书。他天生力气很大，不到二十岁，就能拉动三百斤的强弓和八石的劲弩；学习骑射，能左右开弓。

岳飞二十岁应征入伍，开始军旅生涯。有一回，宋军与金军相持于滑州（今河南省安阳市滑县），岳飞率领一百名骑兵在河冰上演习,敌军突然来袭,岳飞说:"敌军虽然人多,但不知我军虚实,不会轻举妄动,应该趁他们立足未稳,迅速出击。"于是策马迎敌,斩首敌将,金军大败而逃。

经此一战,岳飞的才能得以显露,归入名将宗泽麾下。宗泽对他的军事天赋感到惊奇,认为他善于野战,如果能学习布阵,才是万全之策。岳飞说:"布阵之后再战,不过是常规方法。兵法运用之妙,存乎一心。"宗泽反而被说服了。

宗泽病逝后,杜充接替他的职位,留守开封府。第二年,金军南下追击宋高宗,杜充借口勤王,下令南撤。岳飞说:"中原之地,一寸都不能遗弃,今天一旦撤退,马上会被金军占领,以后再想收复,没有几十万的军队难以做到。"杜充不听,岳飞只好随军南撤,开封城随后陷落。

开封失守,宋高宗不仅没有责罚杜充,还升了他的职,让他镇守建康城(今江苏省南京市)。金军不肯罢休,直逼建康城下。建康不久陷落,杜充投降。

金军即将抵达之前,岳飞多次苦劝杜充,准备应战,杜充不听。岳飞决定脱离杜充,独自对战。有些部下想叛逃,岳飞慷慨陈词,让他们留下来。一些溃军不想再战,推举岳飞为主帅,想投降金人,岳飞假装答应,乘其不备,连续击败数十人。然后重整军队，严肃军纪，军心这才稳定下来。

这时，金军统帅完颜宗弼（bì）为了追击宋高宗，深入浙江境内，战线拉得很长。岳飞身处后方，率部转战各地，痛击金军。岳飞的军队爱民如亲，宁愿忍受饥饿，也不扰民，深得百姓爱戴。百姓们说："父母生下我容易，岳公保护我困难。"

完颜宗弼撤退途中，被名将韩世忠困在黄天荡四十多天，后来得到汉奸指点，冲出黄天荡，逃往建康城。岳飞驻扎在城南的牛头山，主动出击，与金军大战，前后历时半个月，大破金军，收复建康。岳家军名声大振。

随后，岳飞请求守卫淮河南岸沿线，继续与金军交战。散兵游勇趁机在各地作乱，岳飞四处平定游寇。入朝觐见宋高宗，高宗亲自写下"精忠岳飞"的锦旗送给岳飞，以示嘉奖。

1134年，岳飞上奏提出收复被伪齐政权占领的襄阳六郡（今湖北省中部、河南省南部），说："这六郡是恢复中原的根本，攻取六郡，才能解除心腹之患。"朝廷采纳了他的建议，岳飞乘船出征，行至长江中流，对部下说："我如果不擒获贼帅，发誓再不渡过长江。"仅用两个月时间，岳家军成功收复六郡。

岳飞收复六郡，不仅是南宋第一次收复大片失地，而且将上游川陕与下游江淮连为一片，战略意义十分重大。此后，岳飞以鄂州（今湖北省鄂州市）为大本营，积极准备收复中原。接连发动两次北伐，收复了大片失地。

然而，宋高宗对北伐之事十分犹豫，时而抵抗，时而议和。最终在主和派大臣秦桧的怂恿下，决定议和。

1140年，完颜宗弼大举南侵，岳飞正好发动第四次北伐。岳家军进展顺利，岳飞便分兵渡过黄河，只留少量部队驻扎在郾（yǎn）城（今河南省漯河市郾城区）。完颜宗弼听说后，马上派主力骑兵"铁浮图""拐子马"进攻郾城。"铁浮图"全身披挂重甲，是重装骑兵；"拐子马"布置在两翼，是轻型骑兵，机动性很强。岳飞派出步兵迎战，准备长枪大斧，上刺敌兵，下砍马腿。金军大败，岳飞乘胜进军，直逼开封附近的朱仙镇，准备一举收复旧京。

宋高宗为了逼岳飞撤退，一天之内连下十二道金字牌，命令他班师回朝。岳飞愤慨不已，面朝东方跪拜说："十年的努力，终将毁于一旦！"岳飞班师后，北方忠义军孤掌难鸣。岳飞痛心疾首，再三恳请解除职务。

第二年，南宋与金国议和，金国提出的和谈条件之一就是杀死岳飞。于是，岳飞被诬告谋反，关押了两个月，

▲ 岳飞取得郾城大捷

没有找到任何有罪的证据。秦桧写了一张字条交给狱卒，狱卒当即报告岳飞已死，终年四十岁。

岳飞被关押期间，韩世忠愤愤不平，前去质问秦桧，秦桧说："证据虽然不明，但这件事或许有！"韩世忠说："'或许有'这三个字，能让天下人信服吗？"金军听说岳飞已死，大肆喝酒庆祝。

岳飞忠勇爱国，成为忠臣的典范。他的词作《满江红》慷慨激昂，动人心魄，与"还我河山"手迹一起成为岳飞精神的象征，在后世广为流传。

## 经典原文与译文

【原文】少豪饮,帝戒之曰:"卿异时到河朔,乃可饮。"遂绝不饮。帝初为飞营第,飞辞曰:"敌未灭,何以家为?"或问天下何时太平,飞曰:"文臣不爱钱,武臣不惜死,天下太平矣。"——摘自《宋史·卷三百六十五》

【译文】岳飞年轻时喜欢纵情喝酒,宋高宗告诫他说:"等你将来收复了河朔(泛指黄河以北)地区,才能喝酒。"岳飞于是不再喝酒。皇帝开始时想为岳飞建造府邸,岳飞推辞说:"敌人还没有消灭,要家干什么呢?"有人问他天下什么时候才能太平?岳飞说:"文臣不爱钱,武臣不怕死,天下就太平了。"

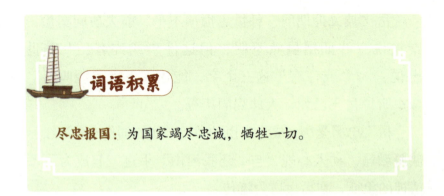

**词语积累**

尽忠报国:为国家竭尽忠诚,牺牲一切。

**怒发冲冠**：冠，帽子。愤怒得头发竖起，顶起了帽子。形容愤怒到了极点。

---

**号令如山**：号令，军令。军令像山一样无法动摇。

**黄龙痛饮**：黄龙，指黄龙府（今吉林省农安县），金国重镇，宋徽宗、宋钦宗曾经被囚禁在这里。比喻彻底击败敌人，置酒欢庆胜利。

---

**直捣黄龙**：一直打到黄龙府。比喻捣毁敌人的巢穴。

# 吴璘列传

> 吴璘（1102—1167年），字唐卿，德顺军陇干县（今宁夏回族自治区固原市隆德县）人，南宋初年抗金名将。

## ● 智勇双全的抗金英雄

吴璘从小喜欢骑射，跟随哥哥吴玠抗击西夏，多次立下战功，不断提升官职。

宋金之战爆发，金军举国南下，分东、西两路全面入侵宋朝，很快灭亡了北宋。宋高宗即位后，开始组织抵抗，金军为了尽快消灭宋朝，又分东、中、西三路进军，其中西路军进攻川陕地区，其战略意图是占据长江上游，顺江而下，迂回包围南宋。

1130年，金军集中主力，进入陕西，宋军统帅张浚集结五路大军，总计十八万人，准备与金军决战，结果在富平（今陕西省富平县）惨败。金军占领陕西，向四川进军。吴玠与吴璘奉命镇守入川门户和尚原（今陕西省宝鸡市境内）。

第二年，吴玠以数千人之众，在和尚原大败数万金军，得以升职。吴璘立功最多，被越级提拔，专职镇守和尚原。

其间，吴璘多次击退金军的进攻。1133年，吴玠下令放弃和尚原，退守仙人关（今甘肃省徽县境内），并修筑名为杀金坪的堡垒，取代和尚原。

第二年，金军统帅完颜宗弼亲率十万大军进攻仙人关，吴璘闻讯，马上率精锐驰援，并写信给吴玠，建议在杀金坪再增修一道关隘，吴玠听从了他的建议。

吴璘接连转战七天七夜，与吴玠会合于仙人关，金军凭借人数优势，猛攻不止。吴璘拔刀，在地上画线，说："这里就是入川的门户，要死只能死在这里，后退者斩首！"经过血战之后，宋军无法支持，退守第二道防线。

很多将领请求另选险地防守，吴璘说："两军刚刚交锋就撤退，这是不战而败，我估计这些敌人不久就会败退，诸位暂且忍耐一阵。"连战几天之后，金军果然大败，连夜撤离，吴玠趁机收复几个州的失地。此后好几年，金军不敢窥伺四川。

几年后，吴玠去世，吴璘接替了他。金国想和谈，同

▲ 吴璘在仙人关抗击金军

意归还河南、陕西等地。朝廷让吴璘的部队全部移往陕西，吴璘说："金军反复无常，难以信任，如果移到陕西，蜀地空虚，一旦敌人来犯，我们将不战而败。不如暂且控制要害，看情况再定。"朝廷采纳了他的建议。

不久，议和达成，朝廷想撤去仙人关的守备，吴璘说："金军驻扎的地方与大庆关（今陕西省渭南市大荔县境内）只隔了一座桥，若骑兵奔驰而来，不用五天就能到达入川的关口。我军远在陕西，紧急之时不能赶来，关口险隘没有修缮，粮运通道断绝，便是生死存亡的关键时刻。吴家的亲族不足怜惜，但国家大事不能不考虑！"最后，吴璘仅派少数人马去陕西，主力部队仍留在原地守备。

又过了几年，金国背弃盟约，长驱直入，迅速攻入陕西，各军均被阻隔在陕北，情况十分危急。当时，只有四川宣抚使胡世将和吴璘在河池（今甘肃省徽县境内），胡世将召集众将商议对策，有人建议撤退，吴璘严厉反驳道："丧气的言论使士气大减，应当斩首！我请求用全家性命作保，必破敌军！"胡世将十分感动，随后部署军队，打败了金军。

次年，吴璘又与金军在剡（yǎn）家湾（今甘肃省天水市秦安县境内）大战。当时金军五万，吴璘用叠阵法主动进攻，即长枪手在最前面，其次是强弓，再次是强弩，最后是神臂弓，敌人进至百步以内时，先用神臂弓，七十步时用强弓齐射，依次攻击。

众将纷纷议论说："我军不会被歼灭在这里吧？"吴璘说："这是古代一种更休叠战的阵法，兵法上早有记载，只是大家不知道罢了。"金军大败，上万人投降。

1162年，金国再次侵宋，朝廷拜吴璘为四川宣抚使。金军坚守六十多天，宋军久攻不克，吴璘带病亲自率兵来到城下，守城的金军听见城下欢呼"吴相公来了"，都观望赞叹，不忍射箭。吴璘迅速安排，仅用八天时间便攻下了城池。吴璘进城后,一切生活恢复如旧,百姓们欢呼不断。

宋孝宗继位,吴璘来到京城觐见,朝见宋高宗。吴璘返回四川,与高宗辞行,潸然泪下。高宗十分怅然,解下随身佩带的刀赐给吴璘说:"以后思念朕,看它就可以了。"

吴璘回到汉中(今陕西省汉中市),修复河坝,灌溉良田,百姓都很感激他。吴璘病重,上书道:"希望陛下不要放弃四川,不要轻易出兵。"对自己的身体只字未提,等到吴璘去世,宋孝宗十分震惊,罢朝两天以为悼念,送去许多财物协助丧礼。

吴璘为人刚强果敢,与哥哥吴玠守卫四川三十多年,为边境安全发挥了重要作用。

### 经典原文与译文

【原文】敌果极力攻第二隘,诸将有请别择形胜以守者,璘奋曰:"兵方交而退,是不战而走也,吾度此敌去不久矣,诸君第忍之。"震鼓易帜,血战连日。金兵大败,二酋自是不敢窥蜀者数年。——摘自《宋史·卷

三百六十六》

【译文】金军果然极力攻打第二道防线,众将中有人请求另外选择险要地形进行防守,吴璘激奋地说:"两军刚刚交锋就撤退,这是不战而败,我估计这些敌人不久就会败退,诸位暂且忍耐一阵。"于是擂鼓换旗,接连几天浴血奋战。金军大败,完颜宗弼、完颜杲(gǎo)从此数年不敢再窥视四川。

**纷至沓来**:纷,众多;沓,多。指一个接一个,接连不断地到来。

# 虞允文列传

> 虞允文（1110—1174年），字彬父，一作彬甫，隆州仁寿县（今四川省眉山市仁寿县）人，南宋初年名臣。

## 一代文臣名将

虞允文是唐初名臣虞世南的后人，年少好学，六岁能背诵"九经"，七岁能作诗文。母亲去世后，他整天在母亲墓旁哭泣，因为父亲身体不好，一个人居住，他不忍离开，直到父亲去世，才入朝为官。

虞允文四十五岁考中进士，恰逢奸臣秦桧当权，刻意打压蜀地人才。直到秦桧死后，宋高宗打算从蜀中招揽名士，有人推荐虞允文，遂任命虞允文为礼部郎官。

这时，金国国主完颜亮已有南侵之意，接任的宰相是秦桧的同党，对边境之事不闻不问。完颜亮悄悄请画师画了临安（今浙江省杭州市）的景观带回金国，还在诗文中流露出南侵的意思。

虞允文获悉这些消息，立刻上书说："金国一定会撕毁盟约，可能会分五路南侵，应该及早做准备。"

不久，虞允文出使金国，看见金人正在大规模运输粮草，打造战船。临走时，他向完颜亮辞行，完颜亮说："我准备去洛阳看牡丹花。"虞允文回朝，将所见所闻报告宋高宗，再次强调必须加强边境防备，金人很可能就要南侵。

不久，金国派使者给宋高宗祝贺生日，使者举止傲慢，出言不逊，索要淮南（今江苏省、安徽省北部）之地。高宗急忙召集大臣们商议，虞允文说："金人准备进攻，但是没有选好路线和进攻点，所以散布虚假的消息来分散我们的兵力，以使他们进攻淮南的阴谋得逞。"朝廷没有听从他的建议。

几个月后，完颜亮亲率百万大军渡过淮河，逼近长江，两淮地区很快沦陷。金军逼近采石矶（今安徽省马鞍山市境内），准备渡过长江，虞允文被派往采石矶犒军。他到达采石矶后，前任主帅已经离去，新主帅还没有到任，军队萎靡不振，军心涣散，形势十分危急。

虞允文召来众将，勉励他们说："金帛、任命书都在这里，就等你们立功。"众将说："现在既然有了主帅，请求与金军决一死战。"有人说:"虞公你受命犒劳部队,并没有受命督战,如果有人告发你,你能承担责任吗?"虞允文斥责他说:"现在是国家存亡的时刻,我怎么能躲避呢?"

当时,金军有四十余万,宋军才一万八千人,面对敌众我寡的形势,虞允文精心部署,最终大败金军。这就是著名的"采石矶大捷"。

▼ 虞允文指挥"采石矶大捷"

宋史·虞允文列传

完颜亮大怒，移兵扬州，又被虞允文拦截。完颜亮下令全军三天内必须渡过长江，否则处死，命令一下，不愿意打仗的将领迅速团结起来，杀了完颜亮，派使者与宋廷议和。自此，虞允文在朝野上下获得很高的声誉。

完颜亮死后，虞允文认为正是恢复失地的大好时机，应该坚持用兵。朝廷派虞允文前往蜀地，与大将吴璘一起商议恢复中原，吴璘率军收复了好几个州。金军整顿兵马，想夺取被宋军收复的州。蜀中一些人想放弃这些地方，虞允文坚决反对。

等到宋孝宗继位，主和派大臣要求宋军放弃战果，多地再次落入金军手中。虞允文先后十五次上书，陈述陕西对整个中兴大业的重要性，孝宗特意召他入朝。他力陈八大理由，用笏（hù）板在地上边讲边画，终于使孝宗醒悟。

此后几年，虞允文除担任五个月的副宰相，其他时间都在地方任职。后来调往四川，宋孝宗要求他重视九件事。他到达四川后，开始了大刀阔斧的改革，尤其将军政放在首位，蜀地的军政焕然一新。

1169年，虞允文被召回临安，正式拜相。宋孝宗忧心兵冗财匮，虞允文想办法裁减老弱兵士，三军将士没有怨言。

孝宗向金国索求北宋诸帝陵寝之地，金人不满，扬言举兵三十万南侵,宋廷大为震惊。虞允文非常淡定,说:"完颜亮刚刚兵败身死,金人还在恐惧中,不敢轻易动兵,不过是虚张声势罢了。"朝臣们议论纷纷,金国果然没有出兵。

几年之后,虞允文再次去四川任职。宋孝宗一直期盼虞允文能再次出兵,恢复中原,虞允文报告军需还不完备,暂时不能进军。

第二年,虞允文因积劳成疾病逝,终年六十五岁。四年后,宋孝宗举行阅兵大典,看到兵士们身强力壮,很有战斗力,说:"这都是虞允文实行优胜劣汰的结果啊。"

## 经典原文与译文

【原文】允文谓坐待显忠则误国事,遂立招诸将,勉以忠义,曰:"金帛、告命皆在此,待有功。"众曰:"今既有主,请死战。"或曰:"公受命犒(kào)师,不受命督战,他人坏之,公任其咎乎?"允文叱之曰:"危及社稷,吾将安避?"——摘自《宋史·卷三百八十三》

【译文】虞允文考虑到坐等新任主帅李显忠到来,便会贻误国家大事,于是立即招来众将,勉励他们为国尽忠,说："金帛、任命书都在这里，就等你们立功。"众将说："现在既然有了主帅，请求与金军决一死战。"有人说："虞公你受命犒劳部队，并没有受命督战，如果有人告发你，你能承担责任吗？"虞允文斥责他说："现在是国家存亡的时刻，我怎么能躲避呢？"

## 词语积累

**积劳成疾**：积劳，过度劳累；疾，病。因长时间过度劳累而生病。

**临危受命**：临，面对；受，接受。在危难之时接受任命。

# 陆游列传

> 陆游（1125—1210年），字务观，号放翁，越州山阴县（今浙江省绍兴市）人。南宋文学家、史学家、爱国诗人。

## ● 毕生未敢忘国忧

陆游出身名门望族，官宦世家，出生的第三年，北宋灭亡，一家人回到家乡，还没来得及安定，金军南下，只好继续逃亡。陆游的父亲是坚定的主战派，经常邀请有共同志向的官员到家中纵谈国事，陆游就在这种氛围中长大。

陆游自幼聪颖过人，十二岁便能作诗文，凭恩荫得任小官。后来，陆游参加考试，得了第一名，排在奸臣秦桧的孙子前面。秦桧忌妒他的才华，命令主考官不准录取。直到秦桧病死，陆游才得到任用。

当时，朝中常有人买来北方珍奇物品进贡给宋高宗，陆游劝谏说："除了经书典籍笔墨之外，都摒弃不用。小臣们不能体会陛下的用心，私自买珍玩进献，这会亏损陛下的圣德，应该严厉禁止。"

宋孝宗继位后，任命陆游为枢密院编修官，负责修编国史、实录。孝宗认为陆游学养深厚，言辞恳切，特意赐予他进士出身。陆游多次上书建议整饬军纪，固守江、淮，以收复中原。

"隆兴北伐"失败后，宋廷与金人议和，陆游上书说："自古以来，江东之地都以建康（今江苏省南京市）为都城，驻扎临安（今浙江省杭州市）只能是权宜之计。临安紧靠大海，运送粮饷不方便，很容易受到袭击。议和成功以后，行动必然受到约束。所以应当与金国说清楚，建康、临安都是皇帝暂驻之地，这样可以争取时间建都，金人也不会怀疑。"

当时，宋孝宗的两位宠臣干政，陆游向枢密使张焘（tāo）进言，建议早日除掉他们，否则后患无穷。孝宗知道后很生气，贬了陆游的官。

五年后，朝廷让陆游前往夔（kuí）州（今重庆市）任职，负责教育及农事。恰好主战派大臣王炎担任川陕地区的最高军政长官，召陆游为幕僚。陆游很高兴，草拟了驱逐金人、收复中原的计划,写成《平戎策》,详细陈述进攻的策略。

后来,陆游跟随王炎到大散关(今陕西省宝鸡市境内)巡视,当时是大将吴璘的儿子吴挺掌兵,为人骄纵,常因小事而杀人,王炎不敢得罪他。陆游建议让大将吴玠(jiè)的儿子吴拱代替,王炎认为吴拱胆小,没有智谋,遇敌必败。陆游反驳说:"如果吴挺遇到敌人,哪里能保证他不会失败;纵然他立了战功,只会更加难以驾驭。"后来,吴挺的儿子果然反叛,陆游的话得到印证。

南宋朝廷一直在主战与主和之间徘徊,最终主和派占了上风。陆游草拟的恢复中原的计划没有被采纳,王炎的幕府也解散,陆游知道北伐无望,内心十分悲伤。

1172年,陆游调任成都(今四川省成都市)为官,三年后,诗人范成大也调到成都担任军政长官,二人以文会友,不拘礼节,成为莫逆之交。人们讥笑陆游颓放,但陆游并不在乎,还自号"放翁"。

宋光宗继位,陆游上书提议北伐,收复中原,再次遭到主和派的群攻,最终被削职罢官。直到十多年后,陆游才被召入朝,主持编修《两朝实录》和《三朝史》,次年国史编撰完成,七十九岁高龄的陆游正式退休,结束了他的宦海生涯。

第二年,著名词人、主战派大臣辛弃疾拜访陆游,

宋史·陆游列传

两人促膝谈心,共论国事。辛弃疾提出为他修筑屋舍,陆游多次拒绝,作诗勉励辛弃疾以北伐为重,为国效命。

陆游一生致力于北伐,始终不能如愿,反而因为主战而仕途蹉跎。他才气过人,尤其擅于作诗,将不得志的情怀全都抒发在诗歌之中。他的诗充满了慷慨激昂的报国热情和壮志未酬的悲愤,兼具现实主义和浪漫主义的双重特点,对后世影响极为深远。此外,陆游的史学

▼陆游将自己的悲愤之情写进诗歌里

成就是自撰《南唐书》，借古鉴今。

1210年，陆游悲愤成疾，与世长辞，终年八十六岁。临终绝笔诗《示儿》"王师北定中原日，家祭无忘告乃翁"，仍然传达出恢复中原的期待之情。

## 经典原文与译文

**【原文】**吴璘子挺代掌兵，颇骄恣，倾财结士，屡以过误杀人，炎莫谁何。游请以玠子拱代挺。炎曰："拱怯而寡谋，遇敌必败。"游曰："使挺遇敌，安保其不败；就令有功，愈不可驾驭。"及挺子曦僣（jiàn）越，游言始验。——摘自《宋史·卷三百九十五》

**【译文】**吴璘的儿子吴挺代替父亲统率军队，为人很骄纵，倾尽财物交结士人，常常因为过失杀人，宣抚使王炎不敢过问。陆游建议让吴玠的儿子吴拱代替吴挺。王炎说："吴拱为人胆怯而缺少谋略，遇到敌人必会失败。"陆游说："如果吴挺遇到敌人，哪里能保证他不会失败；纵然他立了战功，只会更加难以驾驭。"等到吴挺的儿子吴曦僣越称王，陆游的话才得到验证。

### 词语积累

**敝帚自珍**：敝帚，破扫把；珍，珍惜。把自己家里的破扫帚当成宝贝。比喻东西虽然不好，自己却很珍惜。

**柳暗花明**：原形容绿柳成荫、繁花似锦的春景。后比喻经过一番曲折后，出现新局面。多指由逆境转变为充满希望、前途光明的顺境。

**雨收云散**：雨停了，云雾散去。比喻某种现象已经消失。

**壮志未酬**：酬，实现。伟大的志向没有实现。

**游荡不羁**（jī）：游乐放荡，不受拘束。

# 辛弃疾列传

> 辛弃疾（1140—1207年），原字坦夫，后改字幼安，别号稼轩，济南府历城县（今山东省济南市历城区）人。南宋著名文学家，豪放词的代表人物，与苏轼合称"苏辛"。

## ● 从金戈铁马到灯火阑珊

辛弃疾出生时，北方已经沦陷于金人之手。他的祖父心向宋朝，终因家族拖累，无法南归，便将希望寄托在他身上。

辛弃疾与文人党怀英是同学，两人齐名，有"辛党"之称。两人进行占卜，党怀英得了坎卦，于是决定留在金人统治区，辛弃疾得了离卦，决心南下。

金国国主完颜亮死后，中原地区的百姓不堪金人严苛的压榨，奋起反抗。起义首领耿京聚兵山东，辛弃疾率领

宋史·辛弃疾列传

部众投奔他,主掌文书,参与机密,辛弃疾趁机劝他南向归宋。

不久,耿京派辛弃疾回宋朝奏报,在返回的路上听说叛将已将耿京杀害,义军已经溃散。辛弃疾对随从说:"我奉主帅之命归朝,不料事情有变,如何复命?"于是带领几十名部众直奔几万人的金营,生擒叛将,带回宋朝处置。宋高宗感慨于他的果敢,授予他官职。辛弃疾从此开始了

▼ 辛弃疾生擒叛将

在南宋的为官生涯，时年二十三岁。

第二年，宋孝宗即位，展现出积极收复失地的姿态。辛弃疾刚到南方，对朝廷的情况不了解，加上刚刚获得高宗的鼓励，因此积极建言献策，先后写作《美芹十论》《九议》，详细陈述南北形势，向朝廷提了不少北伐抗金的建议。当时，"隆兴北伐"刚刚失败，朝廷决定议和，他的建议没有被采纳。

宋孝宗颇为看重辛弃疾的才干，先后委派他到江西、湖北、湖南、福建、浙东等地任职十多年，负责治理荒政、安抚百姓、镇压叛乱。辛弃疾在潭州（今湖南省长沙市）担任湖南路安抚使期间，平定了境内相继爆发的农民起义，上奏说："近年来，各地起义总是一呼百应，以至于每次都要动用大军才能平定。这是因为州府征收赋税过急，百姓深受其害。百姓是国家的根本，而贪官污吏们却迫使他们成为盗贼，希望陛下告诫州县，以仁爱为本，铲除违法贪赃之人。"皇帝下诏嘉奖他。

因为湖南地处少数民族杂居区，辛弃疾提议建立一支飞虎军，以应对变乱。朝中有人多次阻挠，弹劾他借机敛财，朝廷降下金字牌命他立即停建。辛弃疾把金字牌藏起来，一个月内全力修建飞虎营栅。直到建成以后，才向朝廷奏明前因后果，消除皇帝的误会。飞虎军建成后，雄镇一方，成为长江沿岸各军之首。

辛弃疾一生起起落落,多次被任用,又多次被罢官,闲居了十几年。宋宁宗即位后,宰相韩侂胄(tuō zhòu)想要北伐,起用主战派,辛弃疾再次得到任用。后来拜见宋宁宗,提出"金人必亡",希望能早日北伐,恢复中原。在一些大臣的攻击下,再次受排挤降职。年迈的辛弃疾心灰意冷,登临北固亭(今江苏省镇江市境内),感叹报国无门,内心抑郁,写下千古流传的词作《永遇乐·京口北固亭怀古》。

1207年,朝廷再次起用辛弃疾,这时他已经病重,只得请辞,随后去世,终年六十八岁。

辛弃疾年少时目睹金人统治下百姓的凄惨生活,一生立志要收复失地。南下宋朝后,因为主战派的标签,加上他从敌占区归来,仕途屡遭不顺,经常作词来抒发情怀。

辛弃疾的词多以国家、民族为题材,抒发慷慨激昂的爱国之情。代表作《西江月·夜行黄沙道中》《贺新郎·用前韵送杜叔高》等,饱含浓郁的爱国情怀。他的词继承了苏轼开创的豪放词风和南宋初期爱国词传统,进一步开拓了词的境界,扩大了词的题材,增加了感染力,对后世产生了深远影响。辛弃疾的词现存六百多首,是两宋存词最多的词人,后人将他的词作编为词集《稼轩长短句》。

## 经典原文与译文

**【原文】** 僧义端者,喜谈兵,弃疾间(jiàn)与之游。及在京军中,义端亦聚众千余,说下之,使隶京。义端一夕窃印以逃,京大怒,欲杀弃疾。弃疾曰:"丐我三日期,不获,就死未晚。"揣僧必以虚实奔告金帅,急追获之。义端曰:"我识君真相,乃青兕(sì)也,力能杀人,幸勿杀我。"弃疾斩其首归报,京益壮之。——摘自《宋史·卷四百零一》

**【译文】** 有个叫义端的僧人,喜欢谈论军事,辛弃疾有时候与他有来往。等到辛弃疾参加耿京的军队后,义端也聚集了一千多人,辛弃疾劝他投奔耿京,做了耿京的下属。一天晚上,义端偷走耿京的大印逃跑,耿京大怒,想要杀辛弃疾。辛弃疾说:"请给我三天时间,如果抓不到义端,再杀我也不迟。"他推测义端一定会将义军的情况告诉金军统帅,很快追赶并抓住了他。义端说:"我知道你真正的命相,是青犀牛相,有力量杀人,希望你不要杀我。"辛弃疾斩下他的头返回报告耿京,耿京更加认为他是壮士。

**词语积累**

**吹角连营**：角，古代军中吹奏的号角。指整个军营响起进攻的号角。

---

**愁红惨绿**：红，红花；绿，绿叶。被风雨摧残过的败花残叶。常用来寄托身世凄凉的感情。

---

**灯火阑珊**：阑珊，将尽、衰残，灯火稀疏。指人烟稀少、冷清的地方。

---

**光复旧物**：光复，恢复。收复被敌人侵占的故土，或恢复原有的典章制度。

---

**麾（huī）之即去**：命令他走就走。形容听从指挥，服从调遣。

# 孟珙列传

> 孟珙（gǒng）（1195—1246年），字璞玉，号无庵居士，随州枣阳县（今湖北省枣阳市）人，南宋中后期军事家。

## 🟢 灭金抗蒙的名将

孟珙出身于武将之家，曾祖父、祖父曾跟随名将岳飞抗金，父亲孟宗政也参加了宋宁宗开禧年间的抗金战争。孟珙从小在军中生活，练就一身武艺，培养出了敏锐的战场观察力。

这时，北方草原上的蒙古崛起，频频发起对金国的战争，金宣宗被迫迁都汴京（今河南省开封市）。宋朝见金国衰落，停止输送岁币，宣宗大怒，发起侵宋之战。孟珙跟随父亲，战斗在抗金第一线。

1217年，金军侵犯襄阳（今湖北省襄阳市襄城区），

# 宋史·孟珙列传

孟珙认为金军必定会进犯樊城（今湖北省襄阳市樊城区），向父亲建议临河埋伏，以待金军。金军果然来了，当大队军马渡河过半时，宋军突然发起攻击，大败金军。

几年后，孟宗政去世，孟珙接管了父亲麾下的忠顺军，继续坚持抗金，多次立下战功。

1233年，金朝大部分领土已经被蒙古军队占领，金军将领武仙走投无路，集结了十多万部众攻打光化（今湖北省老河口市），企图打开入蜀的通道。孟珙率军迎击，将对方的先锋部队击败。

虽然初战得胜，但武仙的主力仍在光化境内，孟珙说："武仙会进军吕堰（今湖北省襄阳市东北方），我只要八千人就能退敌。"不久，金军果然进攻吕堰，孟珙命各军将金军逼到大河边，金军无路可退，只好丢盔弃甲逃走。后来，金军一个将领投降，向孟珙提供了武仙驻兵的重要情报。孟珙安排好伏兵，攻打武仙。武仙连连溃败，但拒不投降。第二天，孟珙指挥军队全面进攻，这时下起雨来，很多将士为此担心，孟珙说："这不正和唐朝时雪夜擒拿叛将吴元济的情形一样吗？"最终大败金军，彻底粉碎了他们入蜀的计划。

同年九月，蒙古军队统帅塔察儿在蔡州（今河南省驻马店市汝南县）被金军打败，便邀请宋廷联合攻打金军，朝廷派孟珙率军出征。蒙古人崇尚武力，塔察儿听说孟珙击败了武仙,十分钦佩,和他结为兄弟。

宋军逼近蔡州城外围,挖开潭水,用薪柴填平潭池后攻城。蒙古军队从另一面兵临城下,遭遇顽强抵抗。宋军发动总攻,率先杀入城中,又打开西门放蒙古军队进入,大破金军。金哀宗自缢而死,孟珙将他的尸首分成两半,一半归宋,一半归蒙,金朝就此灭亡。

1235年,蒙古全面侵宋,接连攻陷湖北路包括襄阳在内的多个重镇,中路军由塔察儿率领,直逼蕲(qí)州(今湖北省蕲春县)而来。孟珙在黄州(今湖北省黄冈市)驻扎,宋理宗急令他增援。塔察儿听说孟珙来援,不敢纠缠,立即撤围,转而进攻江陵(今湖北省荆州市)。江陵地处长江中游,西控四川,北连河南,南接湖南,战略位置十分重要。

孟珙接到消息,立即整军出发。他知道两军实力悬殊,先集中兵力封锁长江江面,再采用疑兵之计,白天不断变换军旗和军服的颜色,晚上沿着长江高举火把,制造大批援军到达的假象。蒙古军队不知虚实,军心浮动,孟珙下令出击,连破敌人二十四座营寨,抢回两万名被俘虏的百姓。江陵之战扭转了战局,为后来长期抗蒙奠定了基础。

两年后,蒙古军队又进攻黄州,宋军首战失利,士气低落。孟珙从鄂州(今湖北省鄂州市)驰援,黄州的宋军听说孟珙抵达,说:"我们的父亲来了!"蒙古军队最终

▼ 孟珙击败蒙古军队

以死伤十之七八的代价撤退,孟珙从此成为南宋中部战场的统帅。

孟珙很快制定了收复失地、稳定荆襄的战略,上报朝廷批准。朝廷同意了他的方案,孟珙率军出击,几个月时间就收复了襄阳等重镇。宋蒙战局稳定之后,孟珙着手建立防御体系。他奏请朝廷,建立三层防线,称为"藩篱三层",有效地抵制了蒙古军队。

第二年,孟珙奉命增援四川战场,又连续击败蒙古军队,终于使得抗蒙斗争迎来转折性机遇。不久,蒙古大汗窝阔台病死,发生内乱,一位蒙古大将请求投降,孟珙大喜过望,请求朝廷接纳。此时,孟珙的军功和威望已经很高,宋理宗很忌惮,担心收降此人,增添了孟珙的实力,于是拒绝了他的请求。

孟珙深感失望,叹息说:"三十年致力于收复中原,如今不能实现了。"自此一病不起,主动上表请辞,宋理宗马上批准,孟珙不久就病逝了。

## 经典原文与译文

**【原文】**枢密调兵五千赴广西,珙移书执政曰:"大理至邕,数千里部落隔绝,今当择人分布数郡,使之分治生夷,险要形势,随宜措置,创关屯兵,积粮聚刍于何地,声势既

宋史·孟珙列传

张,国威自振。计不出此而闻风调遣,空费钱粮,无补于事。"不听。——摘自《宋史·卷四百一十二》

【译文】掌管军政大权的枢密院调兵五千奔赴广西路,孟珙给执政大臣写信说:"从大理国到邕州(今广西壮族自治区南宁市),数千里之间部落互相隔绝,现在应该选择人才分别到各州去,让他们分别治理没有归附的夷人,遇到险要的地形,根据实际情况处置,建关屯兵,确定在何处积聚粮草,声势铺开以后,国威自然振奋。如果不这样制订计划而闻风调兵,白白浪费钱粮,对事情没有什么帮助。"枢密院没有听从他的意见。

词语积累

**将门虎子:** 将门,世代为将之家;虎子,老虎的儿子,比喻强健的子弟。世代为将的家庭培养出来的强健子弟。比喻父辈能力突出,子孙们也很厉害。

# 史弥远列传

> 史弥远（1164—1233年），字同叔，号小溪，别号静斋，明州鄞（yín）县（今浙江省宁波市鄞州区）人。南宋末年宰相，奸臣，主和派代表人物。

## 一心求和的宰相

史弥远是丞相史浩的第三个儿子，十六岁成为一名八品小吏，二十四岁考中进士，正式进入官场。

史弥远历任多职，积累了大量的行政经验，经常对边关防务、农桑、赋税等与国家息息相关的大事进行评论，提出了许多切中时弊的见解。

当时的丞相京镗将身边人支走，对史弥远说："你以后前途无量，我的子孙可要托付给你了。"虽然被丞相如此夸赞，但史弥远的仕途依然波澜不惊，担任过很多职务，但升官比较缓慢。

当时的宰相韩侂胄是主战派代表,上位之后,为高宗朝冤死的名将岳飞正名,将奸臣秦桧改谥号为"缪丑",任用辛弃疾、陆游等主战派大臣,贬黜程朱理学,并于1205年决定北伐金国。

北伐失败后,韩侂胄的威望降到最低点,朝廷的主和派势力迅速强大,史弥远立刻上书抨击他。门客劝说道:"韩侂胄一定会找你麻烦,你的老母亲年纪大了,你要为她考虑一下。"史弥远说:"我的奏章如果对国家有利,对百姓有利,就算得罪韩侂胄也心甘情愿。"这番表态获得主和派的认可,史弥远的官职不断提升,逐渐成为朝廷的核心人物。

金军大兵压境,韩侂胄被迫遣使讲和,金国要求宋朝献出韩侂胄(tuō zhòu)的人头,才能议和。史弥远看到韩侂胄失势,和宋宁宗的皇后杨氏结成政治同盟,伪造圣旨,暗中诛杀了韩侂胄。

韩侂胄死后,史弥远掌握实权。为了满足金国的要求,他迅速恢复秦桧的名声,追赠美谥"忠献"。派人带着韩侂胄的人头,前往金国乞和,最终达成和议,史称"嘉定和议"。

金朝同意归还濠州(今安徽省凤阳县)、大散关(今陕西省宝鸡市境内),但南宋每年要送给金朝岁币银绢各三十万,宋朝皇帝尊称金朝皇帝为"伯父",并赔偿军费白银三百万两。

议和完成后不到一年,史弥远正式担任丞相,开始了长达二十多年的独相专权时代。当时,宣扬程朱理学的知识分子很多,他便追赠理学领袖朱熹为太师,大量任用理学家为官,理学人士对他很有好感,抨击也逐渐少了。

为了支付金朝巨额岁币,史弥远大量发行纸币,下令不准用金属货币交换纸币。滥发纸币让物价上涨,百姓生活极为困难,怨声载道。

为了巩固地位,史弥远大量培植党羽,独断专行。民间将他最核心的七名同党,称为"四木""三凶"。宋宁宗被史弥远及其党羽蛊惑,不了解实际情况,一直很信任他。

1221年,皇子赵竑(hóng)成为新太子,对史弥远独断专行非常厌恶。史弥远知道太子喜欢弹琴,便买下一个擅长弹琴的美女送给太子,太子非常喜欢。

一次醉酒后,太子无意中指着崖州(今海南省三亚市)对美女说:"我将来得势,一定要把史弥远安置在这里。"美女身负间谍的任务,马上把这句话报告,史弥远决定采

▲ 美女间谍向史弥远告密

取行动。

　　史弥远看中了宗室子弟赵昀（yún），任命自己的心腹当他的老师，密切关注他的情况，为拥立新君做好准备。

　　1224年，宋宁宗病重，无法处理政务，史弥远找到杨皇后，陈说利弊，迫使杨皇后同意拥立赵昀为帝，是为宋理宗。原太子赵竑被贬黜为济王，第二年逼迫济王自缢，彻底稳定了朝局。

　　宋理宗因为史弥远拥立有功，继续任用他为丞相。史弥远依然推行主和方针，打压武将。众将曾带兵平定了内乱，期盼朝廷论功行赏，史弥远说："驾驭将领的方法，好比养鹰，饥饿时就依附于人，吃饱了就振翅飞去。当年曹彬攻克江南，宋太祖没有同意给他使相之职。何况现在边境戍守没有撤销，战争警报经常听到，如果各位将领每个人都满足他们的要求，使他们志得意满，突然遇到紧急的事情，谁肯效死命呢？"前线将士听说此话，逐渐寒心，战斗力日渐衰弱。

史弥远在理宗朝又当了九年丞相后病逝，终年七十岁。

## 经典原文与译文

【原文】初，诛李全，复淮安，克盱眙（xū yí），第功行赏，诸将皆望不次拔擢。或言于弥远，弥远曰："御将之道，譬如养鹰，饥则依人，饱则扬去。曹彬下江南，太祖未肯以使相与之。况今边戍未撤，警报时闻，若诸将一一遂其所求，志得意满，猝有缓急，孰肯效死？"——摘自《宋史·卷四百一十四》

【译文】当初，诛杀反贼李全，收复淮安（今江苏省淮安市），攻克盱眙军（今江苏省盱眙县），根据功劳的高低行赏，各位将领都渴望破格提拔。有人向史弥远进言此事，史弥远说："驾驭将领的方法，好比养鹰，饥饿时就依附于人，吃饱了就振翅飞去。当年曹彬攻克江南，宋太祖没有同意给他使相之职。何况现在边境戍守没有撤销，战争警报经常听到，如果各位将领每个人都满足他们的要求，使他们志得意满，突然遇到紧急的事情，谁肯效死命呢？"

**词语积累**

**志得意满**：得，得到；满，满足。志向实现，心满意足。

**先发制人**：发，发动；制，控制。在战斗中先采取行动，会处于主动地位，能够制服对方。泛指提前采取行动。

**任劳任怨**：任，承担。承担辛劳与埋怨。比喻不辞辛苦，不怕埋怨地做事。

# 文天祥列传

> 文天祥（1236—1283年），初名元孙，字宋瑞，又字履香，自号浮休道人、文山，吉州庐陵县（今江西省吉安市）人。南宋末年政治家、文学家、抗元英雄，与陆秀夫、张世杰合称"宋末三杰"。

## ● 留取丹心照汗青

文天祥年少时胸怀大志，看到家乡祠堂供奉着名臣欧阳修等人的画像，每个人的谥号中都有"忠"字，说："大丈夫就应该忠心耿耿，留名青史，让后世敬仰。"

文天祥二十一岁考中进士。当时宋理宗已经在位很长时间，没有进取之心。文天祥在殿试中以"法天不息"为题，写出长达万言的文章，一气呵成。

主考官大为震惊，奏报说："这份考卷以古为鉴，忠心如同铁胆，恭喜陛下得到这样的人才。"理宗亲自点名文天祥为状元，改名天祥，字宋瑞。

当时，元军不断入侵南宋，一个掌权的宦官董宋臣提出迁都，众人不敢反对，唯有文天祥立刻提出"诛杀宦官，安定人心"的建议，但奏章石沉大海，于是自请免官回乡。

不久，文天祥入朝担任刑部侍郎，继续弹劾董宋臣的罪行，被贬为地方官。后来再度回朝任职，恰逢奸相贾似道以辞职要挟宋理宗，理宗让文天祥起草诏令挽留，文天祥在诏令中讽刺贾似道。贾似道派人弹劾他，文天祥被迫辞官，时年三十七岁。

1273年，元军攻破襄阳（今湖北省襄阳市），沿着长江一路东进，直接威胁京城临安府（今浙江省杭州市）。宋恭帝下旨各地勤王，文天祥拿出全部家产，以国家大义号召，立刻招募一万多人，赶赴临安府。

他的朋友急忙阻止，文天祥说："宋朝立国三百多年，危急关头，却没有一个人去勤王，我深感遗憾。之所以自不量力，是要以身殉国，让天下忠义之士，都能够为国效力，这样才能保住国家。"

文天祥来到临安城，看到军队各自为战，建议杀掉不作为的官员，又说："宋朝为了防止五代时期藩镇割据，实行强干弱枝，虽然矫正了尾大不掉的隐患，但地方防备非常脆弱，希望将天下分为四大军区，以便集中

▲ 文天祥号召抗元

力量和元军决战。"朝中官员认为这个建议很难实施,没有采纳。

这时候,元军已经打到了常州(今江苏省常州市),宋军连续惨败,宋恭帝投降。不久,文天祥以丞相身份出使元军军营议和,被扣押北上。文天祥在门客帮助下,连夜逃走,来到真州(今江苏省仪征市)。

此前,一些逃回来的士兵报告当地守臣,说文天祥已经投降元朝,马上要来劝降。守臣非常愤怒,谋划等文天祥到来,立刻杀掉他。文天祥来到真州,守臣获知了他的忠心，请求他联络各地宋军一同抗元。

文天祥带着二十人出发，路上连续遭到元军阻击，手下人死伤殆尽，最终渡海逃到温州（今浙江省温州市）。

文天祥听说宋恭帝的弟弟益王赵昰（shì）逃了出来，于是拥立他为帝，是为宋端宗。文天祥官拜丞相，组织各路军队继续抗元。

文天祥带领残兵一退再退，来到循州（今广东省惠州市）驻扎，士兵疲惫不堪，水土不服，出现瘟疫，死了很多人，文天祥的母亲和仅存的儿子也死于疾病。

1278年十二月，文天祥领兵转移到五坡岭（今广东省海丰县境内）。他正在吃饭，元军追至，文天祥自杀不成，被俘虏。

元军主将张弘范对文天祥礼遇有加，希望他写信劝降苦守崖山（今广东省江门市新会区境内）的武将张世杰等人，文天祥说："我不能保住父母，现在又要让人背叛父母，你觉得可能吗？"

当时船队正经过零丁洋，文天祥写下千古名句"留取丹心照汗青"。崖山海战之后，宋朝彻底灭亡，张弘范将带他回到大都（今北京市），文天祥在路上绝食八天，没有死成。

元世祖多次派人劝降文天祥，他始终没有屈服。一些宋朝降臣敬重文天祥，请求释放他，让他出家当道士。但降元的前任宰相留梦炎说："如果文天祥被释放后，在江南号召抗元，置我们这些人于何地？"元世祖爱惜文天祥的才华，没有马上杀他。

　　三年后，大都出现匿名书信，声称要起兵救出文天祥。元世祖亲自召见文天祥，问他有什么心愿，文天祥说："我受宋朝大恩，官拜丞相，怎么可以侍奉二主？只愿一死。"临刑时，文天祥向南朝拜，说："我的事情结束了。"坦然就死。终年四十八岁。

## 经典原文与译文

　　【原文】咸淳九年，起为湖南提刑，因见故相江万里。万里素奇天祥志节，语及国事，愀（qiǎo）然曰："吾老矣，观天时人事当有变，吾阅人多矣，世道之责，其在君乎？君其勉之。"——摘自《宋史·卷四百一十八》

　　【译文】宋度宗咸淳九年（1273年），文天祥被起用担任湖南路提刑官，因而见到了以前的丞相江万里。江万里一向惊异于文天祥的志向和气节，说到国家的事情时，神色严肃地说："我老了，看着天时人事都要有变化，我看人很多，拯救世道的责任，大概就落在你身上了吧？你一定要以此自勉。"

**一挥而成**：挥，挥笔；成，成功。提起笔就写成了。比喻写文章或者写字作画很快。

**不自量力**：量，测量。不能正确估计自己的力量或能力。比喻过高估计了自己的能力。

# 道学列传

> 道学，是指宋代学者周敦颐创立的"性命之学"。周敦颐恢复了中断近千年的儒家"道统"，赋予儒学新生，又被称为理学。《宋史》首次设立"道学传"，用四卷篇幅，叙述两宋众多理学家的事迹。本书选择程颢（hào）、程颐（yí）、张载、朱熹、张栻（shì）为代表。

## 理学奠基者程颢

程颢（1032—1085年），字伯淳，号明道，河南府洛阳县（今河南省洛阳市）人。北宋理学家、教育家，"洛学"代表人物。

程颢出身于官宦之家，自幼好学，十五岁时拜理学创始人周敦颐为师。二十六岁考中进士，在各地历任地方官，多有政绩。

程颢在鄠（hù）县（今陕西省西安市鄠邑区）任职时，

一个百姓借住他兄长的住宅,挖地挖出许多铜钱。兄长的儿子状告叔父,说这些钱是父亲四十年前埋的。程颢立刻叫人在铜钱堆中随便取来上万钱,然后仔细辨认,说:"这些钱都是五六年前铸造的,没有一枚是四十年前的。"那人顿时哑口无言。

后来,程颢担任晋城县(今山西省晋城市)县令。一个姓张的富豪父亲去世,这时来了一个老头,声称是张富豪的亲生父亲,因为家庭贫困,自己不在家,妻子将儿子过继给张家,并拿出一纸字据作为证据。程颢看到字据中写着"张翁"二字,对老头说:"当年张父不过四十岁,哪有称作老翁的?"老头吓得连忙谢罪。

程颢在晋城县任职三年,努力减轻百姓负担,教以孝悌忠信,鼓励邻里和睦友爱,奸邪小人无处遁形。鼓励百姓收留困难群体,大力发展教育事业,让孩子们有书可读。百姓很拥戴他。

1068年,宋神宗久慕程颢名声,提拔他到朝中任职。当时宰相王安石正在进行变法,受到很多批评,王安石经常与守旧派展开辩论。

有一次,程颢接旨前往政事堂议事,恰好遇到辩论,王安石逐渐急躁,态度也蛮横起来。程颢生性温和,慢慢说道:"天下的事情,不是一个人说了算,你平心静气地听吧。"王安石这才冷静下来。

程颢向来以正道为先,绝口不谈功利。他认为王安石变法功利心太强,与自己理念不符,于是辞掉朝廷职务,担任地方官,继续为百姓做事,政绩斐然。后来因拒绝效仿其他地方做形象工程,遭到弹劾被贬官。

1085年,宋哲宗继位,召程颢入朝为官,程颢还没有启程,就病逝了,终年五十四岁。

程颢自从跟随周敦颐学习后,一心追求道学,以儒学"六经"为根基,吸收佛教、道教思想加以融会贯通,主张"理"是万物的本体,奠定了理学的基础。因为常年与弟弟程颐在洛阳讲学,他们的学派被称为"洛学";程颢通过讲学宣传自己的思想主张,逐渐形成了一套教育思想体系,这两方面的成就都对后世产生了重大影响。

程颢著有《易传》《经说》《外书》《文集》等,他和弟弟的语录被弟子们编为《程氏遗书》。

## 安贫乐道的程颐

程颐(1033—1107年),字正叔,世称伊川先生,河南府洛阳县人。北宋理学家、教育家,和兄长程颢合称"二程"。

程颐十四岁时，和程颢一同拜周敦颐为师。十八岁时，年轻气盛的程颐上书宋仁宗，希望他抛开世俗欲望，以正道为本，仁宗没有回应。

　　二十四岁时，程颐在太学读书，遇到掌管太学的官员胡瑗（yuàn）考试学生，程颐立刻写下一篇文章，陈述自己的观点。胡瑗赏识这篇文章，立刻授予他"处士"身份。

　　1059年，程颐参加科举考试，没有考中，自此不再参加科举，潜心研究儒学，和程颢一起，以传道授课为己任，到处讲学，开创了"洛学"一派。

　　两兄弟的名气越来越大，许多士人前来求教，程颢去世后，程颐始终坚持讲学。有一次，进士杨时和友人游酢一起前来求教，程颐正在休息，二人不敢打扰，站在门外等候，这时下起了鹅毛大雪，二人一直站在雪中。等程颐醒来，门外积雪已经一尺深，二人这才进门请教。这便是"程门立雪"的典故。

　　宋神宗去世后，他的儿子宋哲宗即位，以司马光为首的旧党执政，程颐得到举荐，教哲宗读书，不久被迫辞职。等到哲宗亲政，旧党被清算，程颐受到连累被贬斥，依然在被贬之地坚持讲学。1107年，程颐病逝，终年七十五岁。

　　程颐因为高寿，讲学时间长，故而培养了很多理学子弟。程颢的不少著述，程颐都参与了。后人将两人的著作汇编为《二程集》，该书成为理学的重要著作。

## 学古力行的张载

张载（1020—1077年），字子厚，世称横渠先生，长安县（今陕西省西安市）人，祖籍大梁（今河南省开封市）。北宋理学家、教育家，"关学"创始人，与周敦颐、程颢、程颐、邵雍合称"北宋五子"。

张载从小天资聪明，十岁时跟随师傅学习，就表现出不同于常人的品格。十六岁父亲去世，他作为长子，很快成长起来。张载年少时就喜欢谈论兵法，当时西夏国经常侵扰宋朝边境，张载联络了许多豪杰，意图收复失地。

张载二十二岁时，名臣范仲（zhòng）淹在陕西驻军，他向范仲淹进献《边议九条》，陈述收复失地的办法。范仲淹说："你是个儒者，怎么能够随便谈论军事？还是要学习儒家经典。"让他阅读《中庸》。张载听从建议，回家苦心学习，涉猎诸家学问，最终将学习重点放在儒家"六经"上，慢慢建立了自己的思想体系。

1057年，张载考中进士，等待任命之际，受宰相文彦博的委托，在京城讲授易学，很多人前来听讲。有一天，程颢、程颐兄弟来到京城，张载与他们谈论易学，发现两人的学识远在自己之上，立刻对听课人说："二位先生的学识比我高，你们要向他们求教。"不再继续讲学，二程因此在京城名声大振。

张载先后历任地方官十余年，工作认真，教化百姓，了解民间疾苦，深受人们爱戴。后来得到推荐，获得宋神宗赏识，入朝为官。

宋神宗任用王安石变法。王安石想得到张载的支持却被婉拒，很不高兴。不久，张载的弟弟不满王安石的作为，被贬为地方官，张载估计自己会受到牵连，主动辞官还乡，以读书讲学为业。因为他在关中（今陕西省中部）讲学，故而他的学派被称为"关学"。

张载总结自己的学术成就，认为"气"是万物的本体，"理在气中"。他把自己的思想总结为"为天地立心，为生民立命，为往圣继绝学，为万世开太平"，这句话成为传颂千古的名言。

1077年，张载病逝，终年五十八岁。代表作有《正蒙》《横渠易学》等，后人编有《张子全书》。

## 理学集大成者朱熹

朱熹（1130—1200年），字元晦，又字仲晦，号晦庵，祖籍徽州府婺(wù)源县（今江西省婺源县），南宋思想家、教育家，理学集大成者。

朱熹出生在南剑州尤溪县（今福建省尤溪县），从小很聪明。刚会说话时，父亲指着天告诉他："这是天。"朱熹就问："天上有什么东西吗？"父亲感到很惊奇。

朱熹六岁入小学，读完《孝经》之后，在书上题字："如果做不到孝顺，就不是人。"与同龄人在沙地上玩耍，唯有他认真地画八卦，与其他人大不相同。

朱熹十四岁时，父亲病逝，临终前将他托付给好友刘子羽，又写信请学者刘勉之传授朱熹学问。刘子羽将朱熹当成自己的孩子，单独修筑房子安置朱熹一家。朱熹十九岁时，刘勉之将女儿许配给他。不久，朱熹考中进士。

朱熹担任地方官期间，拜程颐的再传弟子李侗为师，初步接触到理学。在任上大力发展教育事业，移风易俗，体恤百姓。

1157年，朱熹任满后，发现社会风气已经逐渐偏离了儒学范围，许多人问佛求仙，对国家发展很不利。决定再次跟随李侗学习，完全继承了二程的"洛学"正统，奠定了以后理学的基础。

此后十余年，朱熹不曾入仕，主要从事教育和著述。其间，他积极为朝政建言献策，参加社会活动，并前往潭州（今湖南省长沙市）拜会湖湘学派的代表人物张栻。

经过苦苦思索和探求，朱熹于1169年终于领悟到《中庸》的"中和"旧说之误，便重新阅读二程的著作，从全新角度独创了"中和"新说，这标志着朱熹哲学思想的成熟，在我国学术史上具有深远意义。

同年，朱熹的母亲去世，他居家守孝，开始了长达六年的著书立说。1175年，好友吕祖谦前来探访，两人交谈了一个半月，编纂成《近思录》一书。当时，理学家陆九龄、陆九渊兄弟创立"心学"，与朱熹的理论分歧很大。

吕祖谦邀请两人与朱熹在鹅湖书院［今江西省铅（yán）山县境内）］交流。双方辩论、讲学十天，虽然没有达成共识，但彼此都对理学有了更深刻的理解。这次辩论成为学术史上一段佳话，史称"鹅湖之会"。

三年后，朱熹在南康军（今江西省庐山市一带）任职，主持重建白鹿洞书院，派人收集江西境内的典籍，充实书院藏书。他亲自订立学规，即《白鹿洞书院教规》，不仅被后世沿用了七百年，同时也是世界教育史上最早的规章制度之一。此后，朱熹在湖南路任职，主持扩建岳麓书院（在今湖南省长沙市境内），招聘讲师，广收门徒，使岳麓书院成为当时的著名学府，对后世影响深远。

1182年，五十三岁的朱熹将自己注释整理过的《大学章句》《中庸章句》《论语集注》《孟子集注》四书合成一书刊刻，称作《四书集注》。我国经学史上"四书"之名第一次出现，从此，"四书"取代了"五经"，成为儒家主流哲学。朱熹将自己的理学体系纳入《四书》中，《四书》成为元、明、清三代的标准教科书，也是参加科举考试的必考书目之一，其思想也指导着人们的日常行为规范，对后世产生了重大影响。朱熹十分看重《四书》，直到去世前一天，还在修改《大学章句》。

1195年，宋宁宗罢免宰相赵汝愚，任用韩侂胄（tuō zhòu）为相。朱熹一直受知于赵汝愚，也被一并贬谪。当时，经过多年发展，以及朱熹的大力提倡，理学已经门徒遍地，在朝野具备很大的影响力。

言官迎合韩侂胄的心意，将理学斥为"伪学"，焚毁理学书籍，排斥支持理学的士人，将朱熹列为"伪学魁首"，从此开始了长达六年的"庆元党禁"。

1200年，朱熹病逝，终年七十一岁。因为他的思想师法二程，后人将他们的思想合称为"程朱理学"。直到韩侂胄被杀，程朱理学才得到官方认可，成为南宋末年的主流学说。从元朝开始，直到明、清两朝，程朱理学被列为官方哲学，占据主导地位，也逐渐失去了原有的活力。

## 求真务实的张栻

张栻（1133—1180年），字敬夫，又字乐斋，世称南轩先生，汉州绵竹县（今四川省绵竹市）人。南宋初期理学家、教育家。

张栻是南宋初期名将张浚的儿子，五岁时，因父亲多次被贬谪，近三十年，张栻一直跟随父亲在南方各地辗转。张浚很重视子女的教育，即使在贬谪中，依然教授张栻儒家思想的精华，张栻深入学习了《易经》，又接触到"二程"的理学思想，对他产生了极大影响。

1159年，二十七岁的张栻向程氏门人胡宏写信请教学问，两年后亲自前往拜见，胡宏同意收张栻为弟子，对朋友说："张栻来到这里，我们一见如故，他的学问很高，我们这一派学说后继有人了。"胡宏对张栻理学思想的形成，发挥了重要作用。

宋孝宗继位后，积极谋求收复失地，主战的张浚，在被冷落了近三十年后，得到重用，张栻也因此步入仕途。张栻劝说孝宗一定要念及耻辱，亲近贤人，革除弊病。孝宗对张栻的见解感到惊奇，很看重他。不久，张浚北伐失利，主战派遭到攻击，张浚被贬后很快病逝，主和派再度掌权。张栻为父亲办完丧事，立即上书极力反对讲和，但石沉大海。

南宋初年，因为金军入侵，民族矛盾尖锐，抗金战争需要增加赋税，又加剧了阶级矛盾。统治阶级为了维护统治，大力宣扬儒学，要求百姓遵守伦理纲常。在这种大背景下，一些有见识的学者纷纷主持书院，开坛讲学。湖南地处南方，远离前线，环境相对安定，吸引了很多学者前来定居。

张栻在湖南生活多年，此时也在湖南为父亲守孝，正巧遇到农民起义，他凭借军事才能，为潭州（今湖南省长沙市）知州刘珙（gǒng）出谋划策，最终平定了叛乱。刘珙对他信任有加，重建岳麓书院，邀请张栻主持讲学，张栻便以岳麓书院为基地，授徒讲学，宣传自己的思想主张，开展学术交流活动，慕名前来的学者达到几千人，逐渐形成了极盛一时、独具特色的湖湘学派。

1167年，大理学家朱熹听说张栻在岳麓书院讲学，特意从福建赶赴潭州，和张栻进行了长达两个月的讨论，轰动了整个学术界，史称"潭州嘉会"。岳麓书院由此成为学术研究最高学府，附近学者文人闻风而至，盛况空前。

两年后，张栻入朝任职，不到一年时间，被宋孝宗召见了七次。恰逢金朝出现灾荒，主战派立刻上书，主张北伐，希望张栻声援，但张栻并不赞成。孝宗非常生气，质问张

▼朱熹前往岳麓书院拜会张栻

栻："你知道敌国的事情吗？"张栻回答："臣不知道，但臣知道国内的事情，各地都出现水旱灾害，百姓生活贫困，军队战斗力弱，府库匮乏，敌国可以征讨，但臣担心没有足够实力征伐。"张栻的冷静让孝宗沉默良久。

不久，张栻得罪了宰相虞允文，被贬到静江府（今广西省桂林市）任职，后又调任他地，时间都不长，主要精力仍在岳麓书院讲学。1173年，张栻著成《南轩论语解》《南轩孟子说》，标志着他的理学思想成熟。

两年后，张栻再次到静江府任职，长达四年。因为政绩很好，又担任江陵府（今湖北省荆州市）知府。1180年病逝于江陵，终年四十八岁。

张栻开创的湖湘学派，经过元明两朝的沉寂之后，明末清初由大思想家王夫之继起，至清朝末年，由曾国藩、左宗棠等人中兴，在清末达到鼎盛，造就了谭嗣同、黄兴、蔡锷等一批近现代史上有重大影响的历史伟人，改写了中国历史的进程。

### 经典原文与译文

【原文】曹村埽（sǎo）决，颢谓郡守刘涣曰："曹村

决,京师可虞。臣子之分,身可塞亦所当为,盍(hé)尽遣厢卒见付。"涣以镇印付颢,立走决所,激谕士卒。——摘自《宋史·卷四百二十七》

【译文】黄河在曹村埽决口,程颢对知州刘涣说:"曹村埽决口,京师可能有危险。作为臣子的本分,身体可以堵住决口,也要这么做,为什么不把所有厢兵派遣给我呢?"刘涣把镇印交给程颢,他立刻来到决口处,鼓励发动士卒。

**博闻强记**:博,广博。见闻广博,记忆力非常强。

**格物致知**:格,研究;致,达到。研究事物的原理,以达到认知的目的。

# 文苑列传

> 宋朝从立国之始,采取"重文轻武"的措施,文人地位崇高,造就了文化的鼎盛,被誉为我国历史上文化最繁荣的时代。《宋史·文苑列传》多达七卷,共收录九十多位文人。本书选择黄庭坚、秦观、米芾(fú)为代表。

## ● "江西诗派"黄庭坚

黄庭坚(1045—1105年),字鲁直,乳名绳权,号山谷道人,洪州府分宁县(今江西省修水县)人。北宋著名书法家、文学家,"江西诗派"开山鼻祖,与张耒(lěi)、晁(cháo)补之、秦观合称"苏门四学士"。

黄庭坚的远祖是西汉著名循吏黄霸,从汉代以来,家族人才辈出,成为当地有名的望族。仅宋一朝,黄氏家族就出了四十八位进士,后世称他们居住的双井村为"华夏进士第一村"。

黄庭坚满周岁时,家里按习俗安排"抓周",他抓到一支毛笔不肯放下。父亲非常高兴,说:"我们黄家又出了读书种子。"父亲翻阅古籍,看到唐尧时期名臣皋陶(yáo)字庭坚,于是以此为名,希望儿子将来可以为国效力。

黄庭坚从小十分聪明,书籍诵读几遍,就能背下来,舅舅李常非常喜爱他。父亲去世后,李常指导黄庭坚博览群书,广泛涉猎前人与今人的诗文,为后来的文学创作打下坚实基础。

1067年,黄庭坚考中进士,从此步入仕途。他为官清廉,爱民如子,不愿意增加百姓负担。当时正值王安石推行新法,地方官员为了迎合,经常烦扰百姓。黄庭坚在泰和县(今江西省泰和县)担任县令,坚持简易行政,办事的小吏失去了营私门路,很不高兴。黄庭坚说:"做官不要害怕事情繁重,做小吏一定要清心寡欲。"因此深受百姓爱戴,被称为"黄青天"。

黄庭坚仰慕大文豪苏轼,在大名府(今河北省大名县)担任教授时,将自己的诗歌寄给苏轼,苏轼读罢,认为他的诗文卓然独立,世上已经很久没有看到如此好的作品,黄庭坚因此声名鹊起。两人互相唱和,研讨诗文创作。

不久,苏轼被政敌陷害,因"乌台诗案"被关进监狱,很多人都避之唯恐不及,唯有黄庭坚不顾人微言轻,为苏轼鸣不平,也受到处罚。

几年后,黄庭坚与苏轼在京城首次见面,相处了三年多时间,结下深厚友谊。有人曾经统计,这三年间两人的唱和(hè)之作,就有一百多篇,而且格调相近,志趣相投。从此,黄庭坚的诗文和书法,都进入一个崭新的境界,世人开始以"苏黄"并称。但黄庭坚始终以晚辈自居,无

▼ 黄庭坚与苏轼唱和

论苏轼被贬,乃至去世,他都执弟子礼,成为"苏门四学士"之一。

宋哲宗即位后,黄庭坚得到宰相司马光的推荐,校定《资治通鉴》,后来参与编撰《神宗实录》。几年后,黄庭坚的母亲生病,他衣不解带,日夜伺候,每天都亲自为母亲清洗便盆,留下了"涤亲溺器"的典故,成为二十四孝故事之一。

黄庭坚的母亲病逝,他守孝三年,然后回到朝廷担任史官。这时,宋哲宗已经亲政,重用新法大臣章惇(dūn)等人。新党执政后,开始打压反对变法的官员。黄庭坚因为曾经获得司马光的举荐,被视为旧党。

章惇等人认为他编纂的《神宗实录》有很多内容缺乏依据,不断盘问他。黄庭坚据实作答,毫不退让,被罚往黔州(今重庆市彭水县)安置。

从此之后,黄庭坚的仕途非常坎坷,但他毫不为意,依然保持积极的人生态度。在西南地区的数年里,他兴办学校,教授弟子,研究书法和诗歌,写出了大量优秀作品,行书、草书、楷书技艺都进入新境界。

宋徽宗继位后,黄庭坚短暂恢复官职,很快被贬黜到宜州(今广西省河池市),1105年病逝于此,终年六十一岁。

## 婉约派词人秦观

秦观(1049—1100年),字少游,又字太虚,号淮海居士,扬州高邮军(今江苏省高邮市)人。北宋著名词人。

秦观从小博览群书,豪气干云,胸怀大志,善于写词作文,喜欢谈论军事,兴趣广泛,在江南各地到处游历。

秦观三十岁时,苏轼担任徐州(今江苏省徐州市)知州。他仰慕苏轼的文采,得知消息后立刻前往拜谒,写下《黄楼赋》。苏轼读罢,认为秦观有屈原、宋玉的才情,大为赞赏。在苏轼的劝说下,秦观发奋读书,想通过科举进入仕途。

秦观两次参加考试都没有考中,有些心灰意冷,苏轼专门写信鼓励,并向前任宰相王安石推荐他。王安石称赞秦观的诗歌风格清新,堪比鲍照、谢朓(tiǎo)。秦观在两位文坛前辈的鼓励下,于1085年考中进士,开始担任地方官。

不久,宋神宗去世,儿子宋哲宗即位。在苏轼的极力推荐下,秦观两年之后入朝参与国史编纂。

宋哲宗继位时年幼,由祖母高太后主政。高太后反对王安石变法,重用旧党。旧党之中,以苏轼为代表的"蜀党",与以程颢为代表的"洛党"关系极为紧张,秦观因此多次遭到"洛党"官员的迫害，倍受打击。几年后，苏轼入朝获得重用，秦观的处境好转，与黄庭坚等人同时担任史官，成为"苏门四学士"之一。

三年后，宋哲宗亲政，支持新法，将旧法支持者全部赶出京城。秦观作为苏门学士，连遭贬谪，最终来到雷州（今广东省湛江市）。

宋徽宗继位后，将被贬官员召回，秦观也在其中。当时秦观年事已高，路过滕州（今广西壮族自治区藤县）时，游览华光亭，对身边的人说起自己梦中作的词，感到口渴想要喝水，水刚送过来，秦观已经面带微笑去世，终年五十二岁。

秦观因为仕途坎坷，所作词风格含蓄隐丽，清冷孤寂，他善于表达无奈愤懑之情，善于创作慢词，成为宋朝婉约派的重要词人之一。

## 书法大家米芾

米芾（1051—1107年），初名黻（fú），字元章，号海岳外史、火正后人等，襄阳府（今湖北省襄阳市）人。北宋书法家、画家、书法理论家，和蔡襄、苏轼、黄庭坚合称"宋四家"。

米芾是北宋开国功臣米信的后人,自幼就对书法非常感兴趣,七岁开始学习,师从襄阳书法家罗让;十岁开始写碑刻,临摹苏轼的字帖,有人称赞他的书法开始有唐代书法家李邕(yōng)的风范。

十七岁时,米芾跟随母亲阎氏来到京城汴京,阎氏进宫服侍高皇后。等到宋神宗继位,念在阎氏服侍母亲有功,授予米芾校书郎一职,负责典籍校对,米芾从此进入官场。

米芾的仕途不温不火,无论在地方还是朝中,都只是普通官员。他将主要精力放在书法、绘画的研究和创作上,不断临摹名家作品,以至于达到以假乱真的程度,但米芾并没有就此止步。

三十二岁那年,米芾以晚辈的身份拜访苏轼,苏轼建议他学习晋人的书法。于是米芾潜心魏晋,收集了不少法帖,就连书斋名称都改为"宝晋斋"。据说,今天流传的东晋大书法家王献之的名帖《中秋贴》,就是米芾临摹的。因为米芾学习的名家太多,成了大家的笑柄,但他不以为意,自嘲为"集古字",终于精通了篆书、隶书、楷书、行书等,尤其以行书最佳。

即便如此,米芾还是继续苦练。他晚年曾在《自叙》中说:"我一天不写字,就觉得思维滞涩,马上想到古人练习书法,从来没有半刻不写字的。"终于,米芾在五十岁时,找到自己的书法风格,成为我国历史上著名的书法家。

这时,酷爱艺术的宋徽宗即位,任命米芾担任书学博士,后来又让他担任书画学博士,专职创作和培养学生。

除了沉迷书法,米芾也喜欢绘画,他的画作独具特色,题材广泛,尤其精通山水和竹石。米芾钟爱江南的山水,独创"米氏云山"的技法,将水乡烟云的瞬息万变,用水墨描绘得含蓄空灵。后来,他的儿子继承父法,使得这个画派进一步发展。

米芾还以痴迷怪石而闻名。他曾经见到一块奇丑无比的石头,立即整理衣冠,和这块怪石结拜为兄弟,称呼怪石为兄,在当时成为笑柄,但他自得其乐。

1107年,米芾在淮阳军〔今江苏省邳(pī)州市〕担任知军,病逝在任上,终年五十七岁。米芾由于痴迷自己的爱好无法自拔,以致行为癫狂,当时的人们称他为"米颠"。

## 经典原文与译文

【原文】章惇、蔡卞与其党论《实录》多诬,俾(bǐ)前史官分居畿(jī)邑以待问,摘千余条示之,谓为无验证。既而院吏考阅,悉有据依,所余才三十二事。庭坚书"用

铁龙爪治河,有同儿戏",至是首问焉。——摘自《宋史·卷四百四十四》

【译文】章惇、蔡卞和他们的同党弹劾《神宗实录》有很多诬罔之处,让之前的史官分别住在京城周围的县城等待询问,摘出一千多条给他们看,说没有得到验证。紧接着院吏考核审阅,都有依据,剩余的不过三十二件事情。黄庭坚记载"用铁龙爪治理黄河,就如同儿戏一般",到这时被第一个盘问。

**一日千里:** 一天跑一千里。形容马跑得很快。比喻进步很大,发展得很快。

**衣不解带:** 带,腰带。指日夜辛劳,无法脱衣睡觉。常形容照顾病人,或者十分辛苦地做事。

宋史·忠义列传

# 忠义列传

> 忠义，指忠臣义士。忠义列传即忠臣义士的合传。从《晋书》首开《忠义列传》，后世正史屡有因袭。宋朝重文轻武，屡有外辱，而完善的科举制造就了一批懂廉耻、有节操的士大夫，尤其在抗辽、抗金、抗元的过程中，涌现出了许多仁人志士。《宋史·忠义列传》多达十卷，记录了两百八十余位忠义人物的事迹。本书选择张世杰、陆秀夫为代表。

## 捐身风浪的张世杰

张世杰（？—1279年），涿州范阳县（今河北省涿州市）人。南宋末年抗元名将。

张世杰曾经在蒙古名将张柔手下当兵，因为犯罪，逃到宋朝的淮南地区继续当兵。宋军将领阮思聪认为张世杰是个人才，将他推荐给抗元名将吕文德。

张世杰在吕文德麾下作战勇猛,逐渐积累战功,成长为宋末重要将领之一。

1268年,元朝丞相伯颜率领大军攻打襄阳城(今湖北省襄阳市),吕文德请求朝廷派兵支援,张世杰奉命出兵。

还没有抵达,襄阳城已经失守,张世杰便带领五千军队在鄂州(今湖北省鄂州市)驻守。

鄂州地处长江中游,战略位置十分重要。张世杰意识到在鄂州必然是生死之战,于是将两座城池用铁索连接,装备火炮、弓弩,又在重要地域设置木桩和攻击装备,做好了阻击元军的准备。

元军无法攻破张世杰的防线,修书劝降,张世杰严词拒绝。伯颜暗地里派兵偷偷渡过汉水,绕过张世杰防线,突然进攻鄂州,鄂州守臣投降,张世杰只得带兵退走。

元军占领湖北后,沿长江长驱往东,京城临安危在旦夕,张世杰带领军队紧急回防。当时,朝廷下达勤王的命令,很多将领都不奉诏,只有张世杰及时赶到。

宋度宗惊叹不已,任命张世杰总督府兵。张世杰四处出战,先后收复了一些城池,宋军的军心稍微提振。很快,元军大举反击,张世杰领兵与元军在长江中流的焦山(今江苏省镇江市焦山)对峙。

决战之前,张世杰命令十条战船连为一队,在江中沉

宋史·忠义列传

下石锚，下令不允许解开战船逃跑，以示必死的决心。元军采用火攻战术，大破宋军，阵亡上万人。张世杰请求支援，但没有回应。

1276年，元军占领临安城，宋恭帝投降，张世杰带领残余部队撤退。元军派张世杰的老朋友劝降，张世杰开始不知情，以为老友前来追随，杀牛款待他。

喝酒喝到一半，此人私底下表明来意，张世杰大怒，将他分尸处死，以示抗元决心。同年五月，张世杰与丞相陈宜中等人拥立度宗的儿子赵昰（shì）为帝，是为宋端宗。

宋军无法抵挡元军主力，屡战屡败，张世杰不得不带着宋端宗渡海撤退。船队在海上遇到风浪，元军趁机进攻，端宗不慎落水，受到惊吓，因病身亡，年仅十岁。

为了稳定军心，张世杰又与大臣陆秀夫等人拥立宋度宗的另一个儿子赵昺（bǐng）为帝，是为宋少帝，带着少帝退到崖山（今广东省江门市新会区境内）。

元军主将张弘范追击赶到，张世杰担心军队四散逃跑，无法抵抗，下令将一千多艘船用铁索连接起来，做成水寨，意图同元军决一死战，许多人都感到局面危急。

果然，张弘范下令将宋军团团围住，切断水源，大量士兵喝了海水后呕吐不止，失去战斗力。张弘范修书劝降，

227

张世杰说:"我知道投降一定会活下来,还能获得荣华富贵,但我为国家而死的决心从来没有动摇。"

崖山兵败后,张世杰还想侍奉杨太后,寻找赵氏后人并拥立为帝,杨太后听说宋少帝已死,也跳海自杀。张世杰安葬完杨太后,在海上遇到风浪,众人劝说他登岸。

张世杰来到船头焚香祷告:"我为赵氏尽心了,一个皇帝死了,又立一个皇帝,现在皇帝又死了。我之所以没有死,是为了能够找到赵氏后人,令宋朝可以延续下去。如今遇到这种情况,难道是天意吗?"很快,风浪击坏船只,张世杰溺水身亡。

## 赴海而死的陆秀夫

陆秀夫(1235—1279年),字君实,楚州盐城县(今江苏省盐城市)人。南宋末年抗元名臣。

陆秀夫三岁时,随父亲迁徙到镇江府(今江苏省镇江市)。稍大一些,跟随乡里的孟先生学习,孟先生的学生经常有一百多人,唯独对陆秀夫非常认可。

1256年,陆秀夫和文天祥同年考中进士,但没有入朝为官,而是来到淮南路军政长官李庭芝帐下担任幕僚。李庭芝礼贤下士,很多人才前来投靠,号称"小朝廷"。

陆秀夫生性沉静，不愿意苛求别人的了解，每次宴会，都一个人坐着不说话，很少与人交往。

等到李庭芝询问事情，陆秀夫总能找到解决方案，因此深受器重，成为心腹，无论到哪里就职，都不让陆秀夫离开。

1274年，面对元军的凶猛攻势，李庭芝的宾客大部分离去，只有陆秀夫等少数几人留下来。李庭芝非常感动，将他推荐给朝廷，从此屡屡升迁。

1276年，元军攻破南宋都城临安城，陆秀夫以礼部侍郎的身份前去议和，还没有到，得知敌人反悔，只好返回，追随宋度宗的儿子赵昰（shì）来到温州，又与名将张世杰等人在福州共同拥立赵昰为帝，是为宋端宗。

陆秀夫追随李庭芝时长期面对战争，对军事非常了解，因此知无不言，言无不尽，但他的意见和丞相陈宜中分歧很大，陈宜中弹劾并罢免了陆秀夫。

张世杰听到此事大怒，责备道："现在都什么时候了，还要弹劾人吗？"陈宜中只好将陆秀夫请回来。

因为宋端宗年龄小，由杨太后垂帘听政。陆秀夫每次参加朝会，都会一丝不苟地拿着笏（hù）板，如同平时上朝一般。每次说到痛处，都会痛哭流涕，衣服被泪水打湿，其他官员无不被他感染而悲恸欲绝。

随着元军步步进逼,陆秀夫不得不带着皇帝渡海撤退,宋端宗病逝,群臣都要散去,陆秀夫说:"度宗皇帝还有一个儿子在世,要把他置之何地?古代人有凭借一旅的兵力一举成就中兴大业的,如今百官各部门都在,士卒数万人,上天如果没有想要断送宋朝,如此情况怎么不能复国呢?"于是与张世杰等人一起拥立赵昺为帝,是为宋少帝。

陆秀夫担任左丞相,与张世杰共同执政,屯兵崖山(今

▼ 陆秀夫陪同宋少帝跳海殉国

广东省江门市新会区境内）与元军对峙。陆秀夫负责筹措军需，调集工役，总管后勤。尽管处于颠沛流离之中，他每天还坚持给别人讲解《大学章句》，以激励人心。

1279年，元军攻破崖山，张世杰派船来接陆秀夫与宋少帝一起突围，陆秀夫担心被俘或者被人出卖，执意不肯上船。

后来，张世杰突围而出，陆秀夫见无路可退，用剑逼迫妻子和儿子跳海而死，然后背着少帝跳海自尽，终年四十五岁。

## 经典原文与译文

【原文】王以惊疾殂（cú），群臣皆欲散去。秀夫曰："度宗皇帝一子尚在，将焉置之？古人有以一旅一成中兴者，今百官有司皆具，士卒数万，天若未欲绝宋，此岂不可为国邪？"乃与众共立卫王。——摘自《宋史·卷四百五十一》

【译文】益王赵昰因为受惊得病而死，群臣都想要四散逃走。陆秀夫说："度宗皇帝还有一个儿子在世，要把他置之何地?古代人有凭借一旅的兵力一举成就中兴大业的,如今百官各部门都在,士卒数万人,上天如果没有想要断送宋朝,如此情况怎么不能复国呢?"于是和众人共同拥立卫王赵昺为帝。

**有司**:司,主管。古代分官设职,分别有自己的专管领域,因此称有司。指主管某部门的官吏,也泛指官员。

---

**垂帘**:垂下帘子。皇太后或者皇后临朝辅佐幼主,放下帘子,当朝处理政事。

宋史·奸臣列传

# 奸臣列传

> 奸臣历来被人痛恨，但代代都有。史官将他们记载在正史中，钉在耻辱柱上。我国正史从《新唐书》开始，专门设置合传记载奸臣，以警示后人。《宋史·奸臣列传》共四卷，记载了二十余位奸臣，本书选择蔡京、秦桧、贾似道为代表。

## 投机宰相蔡京

蔡京（1047—1126年），字元长，兴化军仙游县（今福建省莆田市仙游县）人。北宋末年宰相、书法家。

蔡京年轻时很有才情，爱好书法，善于写文。二十四岁考中进士，在地方任职，后来被派遣出使辽国。从辽国回来后，被授予中书舍人，负责草拟诏书。蔡京的弟弟蔡卞，当时也是中书舍人，按照惯例，蔡卞申请位列蔡京之下，兄弟二人同任清要职务，非常风光。蔡京任职多年，升任开封府知府。

当初，宋神宗任用王安石变法，提拔了一批支持变法的官员，是为新党。蔡京作为后进官员刚刚进入官场，积极支持王安石的新法。神宗死后，年幼的儿子哲宗即位，朝政由太皇太后高氏主持，高太后支持旧党。起用旧党代表人物司马光担任宰相，下令恢复差役法，要求各级官员五天之内落实。其他官员都认为时间太紧，唯有蔡京按时完成任务。司马光非常高兴，说："如果官员们都像你这样，什么事情办不成？"很快，蔡京这种行为被言官弹劾，被贬出京，到地方任职。

等到高太后去世，宋哲宗亲政，蔡京再次回朝。哲宗启用新党成员章惇主政，章惇（dūn）想要改变役法，讨论了很久没有决定。蔡京对章惇说："就按照神宗熙宁年间的役法实施，这还需要讨论吗？"由此获得信任。一些了解蔡京的人见他对役法的态度如此反复，认为他是奸诈小人。

当时，蔡卞担任副丞相。不久，蔡京受命调查名相文彦博的儿子文及甫之案，趁机打压旧党，牵连了很多人。一些朝中大员便以蔡氏兄弟双双手握大权，将不利于朝廷为由，打压蔡京。宋徽宗继位后，在有关官员的直谏下，蔡京被贬官，居住在杭州。

宋徽宗爱好书画，派遣宦官童贯去杭州，搜寻奇巧之物，蔡京极力巴结。在童贯的举荐下，蔡京获得了徽宗的关注。徽宗即位一年多，完全掌控朝政之后，作为神宗的儿子、哲宗的弟弟，也想恢复新法。蔡京趁机运作，向徽宗表达忠心，很快被调回京城，获得重用，仅仅过了一年，就被任命为宰相。

蔡京为了巩固权力，大力怂恿宋徽宗纵情享乐。有一次，徽宗举办宴会，拿出玉杯跟近臣说："朕使用这些物品，怕有人说闲话。"蔡京说："臣之前出使契丹，他们拿着玉盘夸耀，说南朝没有这些东西。现在陛下只在宴会上使用，很正常。"徽宗仍有顾虑，蔡京说："如果事情合乎情理，就无须在意流言蜚语。陛下应该安心享受全天下的供奉，一个玉杯又算什么呢？"

宋徽宗从此安心享乐，将国事交给蔡京处置。蔡京贪污受贿，结党营私，掌控朝政。他废除科举制，改为选官制；在富有的江淮地区实施茶叶专卖；又改革盐钞法，将所有旧盐钞全部废除，导致很多积攒了旧盐钞的人一天之内成为乞丐，不少人绝望自杀。很多官员反对蔡京的政策，立刻遭到贬黜。

蔡京重用童贯，让他统领军队，开疆扩土，在西部边境兴起战事，收复了一些土地；又经略西南地区，将当地的少数民族降服。北宋的疆域因此扩大，但这些地方很贫穷，每年需要投入大量财政派出军队驻守,才能维持,这进一步加剧了国家的贫困。

蔡京又借机打击旧党。当时,神宗朝的旧党大部分已经去世,蔡京仍觉得不满意,选定已经去世的司马光等三百多人,罗列他们的罪状,刻石立碑,颁发全国。又下令禁锢他们的子孙,限制任官。这些措施加剧了统治集团内部的分裂。

蔡京的独断专行让很多人愤愤不平,弹劾日渐增多,宋徽宗只得将他赶出京城,在杭州居住。

然而,宋徽宗已经习惯了蔡京的逢迎。此后,蔡京三次被任命为宰相。直到七十多岁,老眼昏花,无法处理事务,政事都由小儿子代劳。

至此,蔡京第四次担任宰相,而总任期长达十七年,终宋徽宗一朝,基本都是他掌控国事。在他的管理下,北宋的灭亡也进入了倒计时。

1126年,面对金军步步紧逼,惊慌失措的宋徽宗将帝位传给儿子宋钦宗。蔡京将家人撤出汴京,以躲避战乱。愤怒的士人将蔡京列为"六贼之首",猛烈地弹劾他。宋钦宗把他贬到岭南,在贬谪途中,蔡京病死于潭州(今湖南省长沙市),终年八十岁。

## 投降宰相秦桧

秦桧(1090—1155年),字会之,祖籍江宁府江宁县(今江苏省南京市)人。南宋初年宰相,主和派代表。

秦桧出生在黄州(今湖北省黄冈市),家境一般,二十六岁考中进士,在太学任职。1126年,金军南下,围困京城汴京。束手无策的宋钦宗准备割地议和,秦桧认为朝廷应该态度强硬一些,不要轻易满足金朝的要求,反对割让三镇土地。

宋钦宗没有采纳,反而派秦桧为割地使,出使金营。秦桧认为这种派遣违背了自己的主张,连续三次请求辞掉差事,但没有成功。出使回来后,秦桧升任御史中丞,成为高级官员。次年,金军攻破汴京,钦宗投降,被扣留在金营。

金军想要扶植宋朝大臣张邦昌为帝,建立傀儡政权。秦桧听说了消息,上书劝说金军元帅保留宋朝皇室,这样对金朝和宋朝都有好处。金军依然立张邦昌为伪楚皇帝,将秦桧迁往北方。

北上途中,秦桧屈服于金人的威逼利诱,贿赂金军主帅粘(nián)罕,得到信任。金太宗将其他不肯降金的大臣迁往东北,把秦桧送给弟弟完颜昌,秦桧多次为完颜昌出谋划策,进攻宋朝。1130年,在完颜昌的默认下,秦桧和妻子回到临安府(今浙江省杭州市),牢记完颜昌的嘱托,力主议和。

回到宋朝后,秦桧自称杀死监守的金兵逃出,很多人不信,宰相范宗尹和秦桧关系很好,极力证明秦桧的忠心。宋高宗召见秦桧,秦桧提出"南人归南,北人归北"的求和策略,起草写给完颜昌的求和书,认为只有这样才能天

▼ 秦桧投降金人

下安定。宋高宗原本抗金意志不坚定，现在受到蛊惑，认为秦桧是个人才。

第二年，范宗尹被罢免，丞相之位空缺。秦桧看到机会，说："我有两条妙计，可以惊动天下。"有人问他是什么，秦桧只说："朝中没有宰相，我的计策执行不了。"这些话很快传到宋高宗那里，高宗拜秦桧为宰相，次月，又提拔吕颐浩和秦桧共同执政。

秦桧想要独揽大权，开始培植党羽，将吕颐浩排挤出朝，随即又打击异己者。许多官员纷纷弹劾秦桧，将他比作大奸臣王莽和董卓，宋高宗认为秦桧执政后毫无建树，说："秦桧说'南人归南，北人归北'，朕就是北方人，能归去哪里呢？"将他罢免。

1135年，金太宗病逝，完颜昌主政，开始促进宋金议和，秦桧得以稍微进官。这时候，朝廷有主战派张浚担任宰相，地方有名将岳飞、韩世忠等人战功卓著，给金朝带来极大的压力。宋高宗眼见抗金形势大好，下令授予岳飞更大的军权。

秦桧不动声色，他看出张浚志大才疏，煽动张浚说服高宗收回了成命。不久，秦桧又挑拨张浚和另一位丞相赵鼎交恶，等到两人双双被贬谪，在福建相遇，才知道上了秦桧的当。

1138年，秦桧再次拜相，金国派出使者求和。宋高宗为了迎回母亲,决定屈身和谈,向金国称臣。秦桧再三考验高宗,确认他决心已定,于是请求单独裁决此事,不能与群臣商议,高宗同意,秦桧由此独揽大权。

本年年底,宋高宗正式下诏议和。当时,朝中的主战派大臣很多,秦桧为了和谈成功,大力排挤主战派,不惜出卖国家尊严,引起众人的愤慨。恰在此时,金国的主战派首领完颜宗弼杀死完颜昌,大举侵宋。在抗金前线,宋军在岳飞的带领下,连战连捷,直逼汴京,完颜宗弼仓皇逃走。

看到宋军气势如虹,完颜宗弼暗中和秦桧取得联系,逼迫他压制主战派,诛杀岳飞,才能达成和议。秦桧怂恿宋高宗下令前线军队停止进攻,随后炮制冤狱,杀死岳飞,主战派尽数被打压,主和派把持朝政。最终在1142年达成和议,史称"绍兴和议"。

秦桧凭借和谈的功劳掌权,极力粉饰太平,培植党羽,排挤忠良,安插大量眼线,大兴文字狱,控制舆论。曾经非议秦桧的人都遭到清算,制造了很多冤狱。秦桧的地位越来越尊崇,宋高宗亲自为他画像,题赞语,又先后封他秦国公、魏国公,甚至加授九锡,秦桧都坦然接受。

1155年,秦桧病逝,终年六十六岁,结束了可耻的一生。

## 掘墓南宋贾似道

贾似（sì）道（1213—1275年），字师宪，又字允从，号悦生，台（tāi）州天台县（今浙江省台州市天台县）人。南宋末年权相。

贾似道是制置使贾涉的儿子，因为母亲是小妾，他少年时过得很落魄，游手好闲，喜欢赌博，不在意个人品行。凭借父亲的恩荫，二十二岁当了个小官。后来，他的姐姐入宫得宠，被封为贵妃，贾似道因此成为宋理宗的近臣。

飞黄腾达的贾似道依然没有改变纨绔子弟的习气，白天在妓女家厮混，晚上游览西湖风光。有一次，宋理宗登高观赏夜景，看到西湖灯火异常明亮，就对侍从说肯定是贾似道在游玩。第二天核实，果然如此。理宗让大臣史岩劝说贾似道，史岩说："贾似道虽然有点少年习气，但是个人才。"理宗便将他安排到地方，以磨炼他的性情。

贾似道在地方任职十多年，颇有作为，多次得到提升，权力越来越大，最终进入核心决策层。

1258年，蒙哥汗下令分三路进攻南宋，他亲自率领主力进攻四川，命令弟弟忽必烈进攻湖北。第二年，忽必烈率军直逼鄂州（今湖北省鄂州市），朝廷震动。鄂州地处长江中游，战略地位十分重要，宋理宗授予贾似道宰相之职，带兵支援鄂州，指挥前线所有部队。宋军初战获胜，人心大震，奋起反击，取得一定的战果。

贾似道趁机排挤大臣。宰相吴潜因为调遣军队，与贾似道产生嫌隙，贾似道暗中令人弹劾他，导致吴潜被贬官。大将高达骁勇善战，看不惯贾似道的公子习气，对他轻慢，贾似道多次请求诛杀高达，因为高达功大，最终逃过一劫。

恰在此时，蒙哥汗死在四川前线，没有留下遗嘱确立继承人。忽必烈收到消息，准备撤回，北上争夺大汗之位。贾似道抓住机会讲和，蒙古军队撤出战场。贾似道上表朝廷，声称获得大胜，肃清敌军，解除了鄂州之围。宋理宗未加分辨，认为贾似道有再造之功，给他加官晋爵，贾似道权倾朝野。

贾似道执政后，贬黜了宋理宗身边的佞臣，大刀阔斧进行改革。为了解决土地兼并问题，推行"公田法"，限制地主的土地数量，剩余土地国家购买后让百姓耕种，旨在减少土地兼并。但在执行中，贾似道大幅度压低土地价格，各级官员以多买田作为政绩，导致民怨不止。又推行经界推排法，即分区域核准土地和户口，扩大纳税群体，但在执行中，奸诈之徒勾结官府躲避赋税，百姓的赋税更重，甚至尺寸之地都要交税，生活更加贫困。

很多人反对贾似道的专横跋扈，纷纷弹劾他。但贾似道仗着皇帝信任，将包括文天祥在内的许多能臣排挤出朝，有能力的大臣消失殆尽。

贾似道专权期间，元军已经围困南宋西部重镇襄阳（今湖北省襄阳市），情况十分危急。贾似道兴修华丽住宅，与妻妾们饮酒作乐，喜欢斗蛐蛐，还戏称这才是军国大事。他平日里非常贪婪，想要得到的财物，如果主人不予，就编造罪行惩处他，甚至为了得到一条玉带挖掘别人的坟墓。

1274年，元军攻破襄阳，顺着长江攻打到丁家洲（今安徽省铜陵市境内）。恰逢宋度宗去世，群臣纷纷要求贾似道亲征。贾似道迫于舆论压力，带领精兵十多万出战。还没有交战，贾似道便在阵前逃跑，导致宋军大败。元军直逼临安，群臣纷纷请求诛杀贾似道，但听政的谢太后只将他贬往广东。

福王赵与芮（ruì）非常恨贾似道，招募能在途中杀死贾似道的人，县尉郑虎臣欣然领命同行。郑虎臣一路上多次暗示贾似道自杀，贾似道说："皇帝不许我死，我要看到诏书，立刻就死。"郑虎臣说："我要为天下除害，虽死无憾。"说着勒死了他。贾似道终年六十三岁。

## 经典原文与译文

【原文】尝与群妾踞地斗蟋蟀，所狎（xiá）客入，戏之曰:"此军国重事邪?"酷嗜宝玩,建多宝阁,日一登玩。闻余玠(jiè)有玉带,求之,已徇葬矣,发其冢取之。——摘自《宋史·卷四百七十四》

【译文】贾似道曾经和妻妾们坐在地上斗蟋蟀,经常陪同他游玩的人进来,跟他开玩笑说:"这是军国大事吗?"贾似道嗜好珍宝古玩,修建多宝阁,每天都要登阁赏玩。听说余玠有玉带,向余家搜求玉带,得知玉带已经殉葬了,于是挖开他的坟墓拿到了玉带。

**生民涂炭**:涂,烂泥;炭,炭火。老百姓生活在烂泥和炭火里。比喻处于极度困难的境遇。

**大逆不道**:逆,叛逆;不道,违反封建道德。原指犯上作乱、谋反等行为。现指罪大恶极,严重破坏既定秩序的行为。

# 外国列传

> 外国，指本国以外的国家。我国史官历来重视与邻国的交往，《史记》就有《南越列传》《大宛（yuān）列传》等专传。此后历代正史，或列专传，或列《四夷》《蛮夷》等合传，记载四周邻国。《宋史》首次设置《外国列传》，专门记载有朝贡关系的邻国，以与臣服宋朝的少数民族政权区分开来。宋朝最大的邻国分别是辽、金，因为有《辽史》《金史》，故不列入。《宋史·外国列传》共八卷，本书选取西夏国为代表。

## 西北强国西夏

西夏（1038—1227年），国号夏，因位于西北，故称西夏。西夏是党项族建立的国家，享国一百八十九年，先后与北宋、辽、南宋、金并立，后来被蒙古所灭。全盛时期的疆域，东靠黄河，西至玉门关（今甘肃省敦煌市境内），

二十四史马上读,语文历史都进步

南接萧关(今宁夏回族自治区固原市境内),北至大漠(今内蒙古自治区北部边缘)。

党项人是羌(qiāng)族的一支,早期生活在今四川省松潘高原,向唐朝称臣。因为与吐蕃相邻,相互经常发生冲突,唐代宗将他们迁徙到南北朝时期的大夏国故地,故称他们为平夏部。

唐朝末年,党项族首领拓跋思恭担任夏州(今陕西省靖边县)节度使,参与平定黄巢起义有功,被赐姓李,封为夏国公,管理周边五个州。从此,李思恭及其后人便占据当地成为割据势力。

当时正值五代时期,中原战乱,党项族与中原政权保持了良好关系,接受了大量封赏,实力逐步增强。名义上臣服,实际保持独立。

宋朝建立后,党项人又向宋朝称臣,接受宋朝的官职,协助宋军作战,贸易往来频繁,关系非常密切。这时,平夏地区经过两百余年的开发建设,已经具备相当的实力。宋太祖尽管致力于削夺藩镇兵权,但仍然允许李氏家族世袭夏州节度使之职。

宋太宗即位,夏州节度使李继捧纳土称臣,但他的弟弟李继迁公然反对,党项族和宋朝的关系逐渐恶化。当时,党项族的西边是吐蕃,东边是宋朝,东北是辽。

李继迁巧妙利用宋朝怯战、宋辽矛盾、吐蕃衰弱等因素，东征西讨，时而向辽称臣与宋朝对抗，时而向宋称臣与辽对抗,将领地进一步扩大。经过李继迁父子近五十年的努力，宋、辽两国均承认西夏国独立的事实，只需称臣即可。

　　1032年，李继迁的孙子李元昊继位后，首先恢复了党项族的姓名，又使用自己的年号，创造党项人的文字，在境内使用，又完成了军事改革，建立了官僚系统，发布秃发令，强制党项人保持民族发型，恢复民族服饰，通过颜色区分等级，为称帝打下坚实基础。

　　以党项人当时的实力，无法撼动宋朝，李元昊继续向西开疆扩土，战争持续两年，击败了盘踞在青海省北部和河西走廊的吐蕃人、回鹘（hú）人，完全控制了河西走廊，实力大为增强。

　　1038年，李元昊正式称帝，定国号为"大夏"，史称西夏。李元昊因为妻子是辽朝公主，便与辽国保持友好关系，遣使通知宋朝，要求宋仁宗承认他的皇帝称号和建国的合法性。

　　宋仁宗大怒，削掉李元昊所有官职，调集重兵攻打西夏。李元昊指挥军队，主动发起进攻，连续战胜宋军。虽然战场上屡次取胜，但宋朝停发所有赏赐，关闭榷（què）场，切断商贸往来，西夏国内经济迅速衰落，民生困难，

247

▲ 李元昊建国

加上战争造成大量人员伤亡，李元昊无以为继，只得和宋朝签订和约。同年，李元昊又在击败辽后，与辽讲和，得以在两个大国之间求得生存。

　　李元昊统治后期，变得性格暴虐，猜疑心很重，荒淫无度，被儿子李宁令哥杀死。

　　李元昊死后，继任者年龄都很小，外戚专权长达半个世纪，国家濒临崩溃。后来夏崇宗、夏仁宗父子统治西夏达一百余年，是西夏最辉煌的时期。

　　在最后的二十年里，西夏依附于蒙古，多次攻打金朝，国力日渐衰落。1226年，成吉思汗以西夏没有如约攻打金朝为由，进攻西夏，次年，西夏灭亡。

西夏的百姓一部分向境外逃亡，在今天的四川省康定市境内，建立了一个小政权，一直延续到清朝康熙年间。而党项人所建立的西夏，由于明确的文字记载很少，就这样消失在历史长河之中，留给后人无尽的谜团。

## 经典原文与译文

**【原文】** 元昊虽数胜，然死亡创痍（yí）者相半，人困于点集，财力不给，国中为"十不如"之谣以怨之。元昊乃归塞门寨主高延德，因乞和，知延州范仲淹为书陈祸福以喻之。——摘自《宋史·卷四百八十五》

**【译文】** 李元昊虽然多次取胜，但阵亡以及受伤的兵卒达到一半，百姓受困于按名册征兵，财力无法补给，国中百姓传唱歌谣"十不如"抱怨他。李元昊于是释放了被俘的塞门寨寨主高延德给宋朝，趁机请求和解，延州（今陕西省延安市）知州范仲淹写信陈说祸福，告谕李元昊。

**地久天长**：跟天与地存在的时间一样长。比喻人们之间的友谊长存。

---

**鱼雁往还**：鱼雁，古人把信函折叠成鱼形，又有大雁传书之说，鱼、雁均比喻书信。形容书信来往不绝。